W0335561

Nathalie QUIQUEMPOIS

Porcelaine Froide by Natasel

CreaPassions.com

CreaPassions.com
the place to be !

Le site des loisirs créatifs

Retrouvez tous les ouvrages creapassions.com
sur www.creapassions.com, le site des loisirs créatifs

recevez gratuitement notre astuce du jour ▪ suivez l'actualité de nos ouvrages ▪ et suivez toutes nos collections

Éditrice : Emmanuelle PROT
Tél. : 06 14 19 44 21 / Email : eprot@creapassions.com
Maquette :
Réalisation : Vitrac & Son Prepress

© Copyright Vitrac & Son Publishing Ltd, 2014

ISBN 978-2-8141-0322-1
Vitrac & Son Publishing Ltd
11 Welbeck Street
London WIG 9XZ - United Kingdom
www.vitracandson.co.uk

La conception et l'impression des ouvrages sont à 100% européenne. Tous les papiers utilisés répondent aux normes européennes, nos imprimeurs ont des unités de production modernes et respectant les contraintes environnementales. Notre choix a également un impact direct sur l'emploi en Europe.

100% fabriqué en Europe

CréaPassions™; ScrapAttitude™; DécoAttitude™; et Square des Loisirs™; sont des marques déposées ou exploitées par Vitrac & Son Publishing Ltd, 11 Welbeck Street, London WIG 9XZ, United Kingdom.
« Toute reproduction ou représentation, intégrale ou partielle, par quelque procédé que ce soit, de la présente publication, faite sans l'autorisation de l'Éditeur est illicite (article L. 122-4 du Code de la propriété intellectuelle) et constitue une contrefaçon. »

Sommaire

Présentation

C'est un jour de 2005 que j'ai découvert la porcelaine froide, en discutant sur un forum internet consacré au modelage.

Depuis, je n'ai pas passé une journée sans que mes doigts soient pris d'une furieuse envie de créer avec cette pâte, que vous découvrez vous-même aujourd'hui sous le nom de WePAM.

Aujourd'hui, c'est à votre tour de découvrir cette merveilleuse pâte de modelage, les possibilités créatives presque infinies qu'elle offre, et son contact si doux, si agréable !

Au fil des pages, je vous invite à essayer, vous aussi, de créer vos cadeaux, bijoux, décorations ou objets utiles.

Je ne doute pas que vous deviendrez «addict», tout comme moi !

À vos outils !

La WePAM, qu'est-ce que c'est ?

La WePAM est une pâte de modelage qui sèche à l'air pour un « rendu » identique à celui de la porcelaine. Agréable et facile à travailler, elle permet de réaliser tous types de modelages grâce à la finesse des détails obtenus. Une fois sèche, les créations sont très résistantes.

D'où vient-elle ?

Conscient de l'engouement pour les créations en « porcelaine froide » outre-Atlantique au début des années 2000, Cléopâtre met au point sa propre pâte à modeler en France en 2006. La production est alors artisanale et confidentielle.

Constituée de colle (la Cléocol) et de Maïzena, cette pâte à modeler d'un nouveau genre rencontre d'abord les faveurs des modeleuses sur Internet. C'est d'ailleurs cet accueil de la blogosphère qui lui donnera plus tard son nom : WePAM (We : pour Nous et PAM pour Porcelaine À Modeler).

En 2012, pour répondre à la demande croissante des consommateurs et distributeurs, Cléopâtre met au point un outil de production à grande échelle.

Aujourd'hui, la WePAM est disponible dans le commerce en pot de 145 gr (une contenance bien supérieure aux autres pâtes à modeler présentes, ce qui lui confère un très bon positionnement sur le prix).

La gamme se compose de 20 couleurs permanentes et miscibles, et de couleurs en séries limitées comme les « nacrées », les « fluos » et les « pastels ». De nombreux accessoires complètent les collections, comme les WeMoules, les Coulis, Les Crèmes et Douilles.

La WePAM est un produit fabriqué en France par la société Cléopâtre d'où sa bonne odeur d'amande. Un pot coûte environ 4,60 euros.

Le matériel pour modeler avec la WePAM

1. Rouleau
En Téflon, il ne colle pas à la WePAM, et permet d'étaler finement la pâte pour en faire des étiquettes, des couvercles de pots, des bijoux, des bandes fines… Un rouleau en bois vernis ou en plastique conviendra aussi.

2. Outils de modelage
Mirettes à bouts ronds, outils à pointe fine ou large, couteau, roulettes, ils vous serviront à creuser, festonner, couper, strier, texturer la WePAM.

3. Moules en silicone
Ils sont anti-adhérents, ils vous permettront de façonner facilement la WePAM en mettant juste la quantité nécessaire de pâte dans l'alvéole choisie. Il est inutile de talquer ou de graisser ces moules.

4. Découpoirs à formes
Ils peuvent être en plastique ou en métal, ils s'utilisent pour découper la WePAM en diverses formes. Utilisés avec un film étirable, vous obtiendrez des bords arrondis, et vous ne salirez pas votre outil. On les appelle aussi emporte-pièces.

5. Cléocol de Cléopâtre
La colle Cléocol est idéale pour assembler les morceaux de WePAM entre eux, il en faut très peu pour une prise rapide et solide. Elle est généralement utilisée pour coller de nombreux matériaux, et parfaite pour la reliure et l'encadrement car elle ne fait pas gondoler le papier. Diluée à 30 %, vous pourrez l'utiliser comme un vernis mat. Elle forme un film souple et brillant en séchant. C'est la colle qui sert à la fabrication de la WePAM.

6. Coulis et crème de WePAM
Ces produits complémentaires à la WePAM vous permettront d'obtenir des effets réalistes sur vos créations gourmandes, ou de faire ressortir les textures imprimées dans la pâte, en essuyant l'excédent avec une lingette jetable.

7. Bâtonnets et lingettes
Indispensables pendant le travail, les lingettes vous évitent d'avoir à vous laver les mains lorsque des petites parcelles de WePAM s'y collent, et permettent de nettoyer les outils immédiatement, ce qui évite que la pâte sèche dessus. Les bâtonnets vous serviront à soutenir vos créations, ou à créer des structures internes pour les solidifier.

8. Plaques de texture et tampons
Pour texturer et imprimer la WePAM, saupoudrez un peu de fécule de maïs sur la pâte pour éviter de la déchirer.

conseil

Avant d'utiliser la WePAM, déballez le produit, puis pétrissez entièrement le pain afin d'enlever l'humidité de surface qui pourrait la rendre collante. Vous pouvez enduire vos paumes d'un peu de crème pour les mains.

Le matériel et les outils

WePAM et la magie des couleurs

La gamme WePAM se compose de 20 couleurs permanentes, et de couleurs en série limitée comme les fluos, les pastels et les nacrées (photo 1).

Toutes ces couleurs se mélangent entre elles, en les pétrissant soigneusement. Vous pouvez aussi obtenir des marbrés, des camaïeux, en appliquant toutes les techniques utilisées habituellement pour le travail des pâtes polymères à cuire.

Lorsque vous travaillez la WePAM, il n'est pas utile de vous laver les mains lorsque vous changez de couleur, car elles ne se transfèrent pas d'une pâte à l'autre et ne salissent pas le plan de travail sur lequel vous la posez. Utilisez simplement une lingette si vous passez d'une couleur foncée à claire.

Vous pouvez mélanger les couleurs entre elles pour en obtenir de nouvelles, selon le même principe que les mélanges de peinture (photos 2 et 3).

à savoir

Vous pouvez observer une légère rétractation de la WePAM lorsqu'elle sèche : elle est normale, ceci est du à l'évaporation de l'eau contenue dans cette pâte naturelle (photo 4).

WePAM et la magie des couleurs

1

2

3

4

Petite gourmande !

matériel

- WePAM en rose fuchsia, blanc, amande, chair, chocolat
- Cléocol
- Couteau
- Rouleau
- Emporte-pièces fleur 3 cm et 1,5 cm
- Mirette à bout rond 8 mm
- Outil courbe fin
- WeMoule silicone fleurs et papillons, WeMoule biscuits
- Feutres Posca noir, blanc
- Feutres ordinaires ou peinture et pinceau
- Paille
- Cure-dent

Réalisation :

1. Avec la couleur chair, modelez une boule de 3 cm pour la tête, formez un ovale et collez une boulette pour le nez. Modelez deux petites poires pour les oreilles et un cylindre de 2 cm pour le cou. Collez les oreilles sur la tête et réservez (photo 1).
2. Creusez l'arrière de la tête avec la mirette pour préparer l'emplacement du cou (photo 2).
3. Avec la couleur amande, modelez une poire longue de 5 cm pour le corps (photo 3).
4. Avec la couleur chair, modelez deux boudins de 5 cm pour les jambes, marquez les articulations en roulant la pâte sous le petit doigt (photo 4).

1

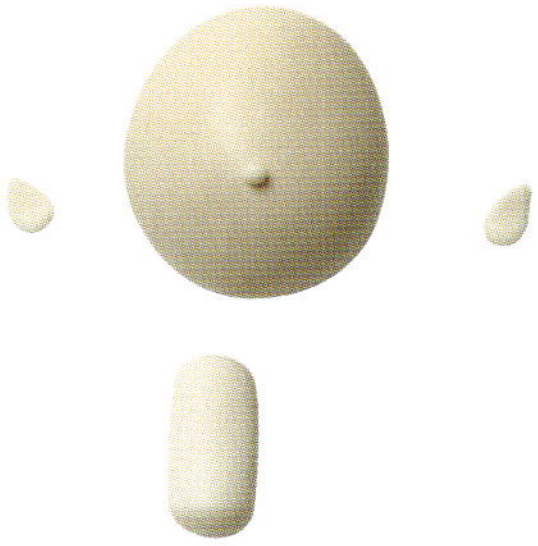

2

3

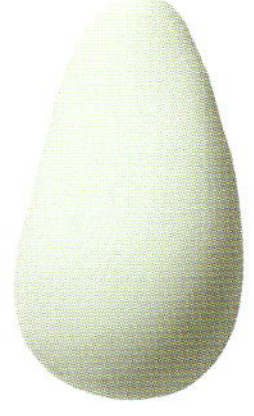

4

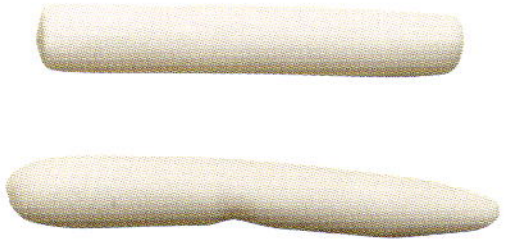

Petite gourmande !

5. Pliez puis affinez les pointes (photo 5).
6. Avec la pâte amande, modelez deux poires de 2 cm, recourbez les pointes, puis collez deux petites fleurs découpées à l'emporte-pièce (photo 6).
7. Creusez l'emplacement de la cheville. Collez les chaussures au bout des jambes (photo 7).
8. Collez les jambes sur le corps (photo 8).

5

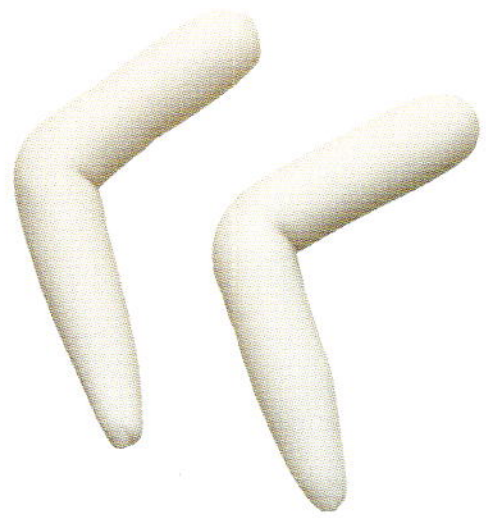

6

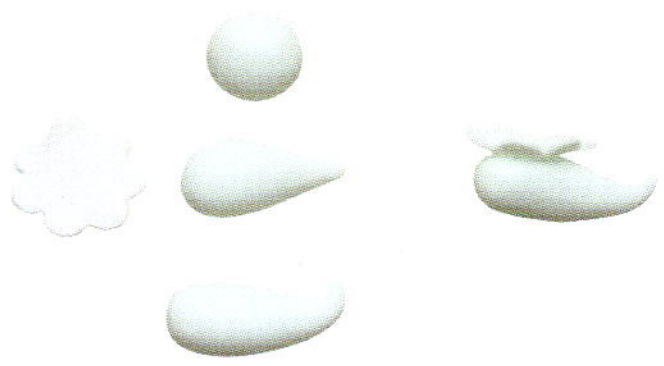

7

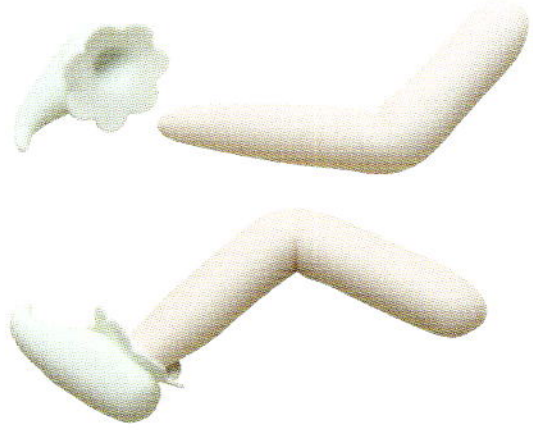

8

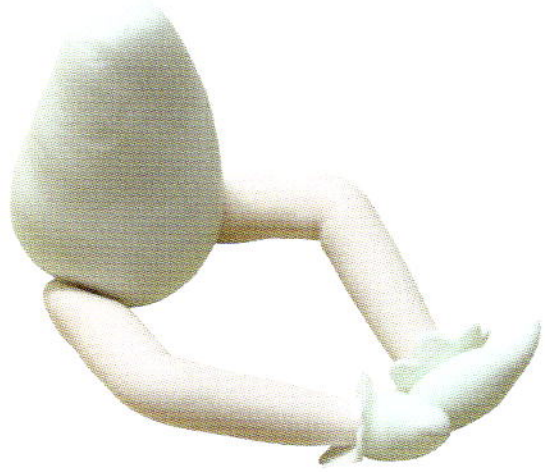

conseil

Posez votre figurine sur un morceau de papier sulfurisé pendant le temps du travail.

Petite gourmande !

9. Étalez la pâte fuchsia finement, coupez 7 fleurs à l'emporte-pièce large. Recoupez 2 pétales sur chaque fleur et placez-les à l'abri de l'air (ils vous serviront pour les manches). Percez des trous avec la paille dans les autres pétales, froncez le bord droit (photo 9).
10. Collez les fleurs sur la taille, appliquez les plis avec l'outil courbe (photo 10).
11. Avec la pâte chair, modelez deux boudins de 4 cm, roulez l'articulation des coudes et des poignets sous le petit doigt, aplatissez la main puis détaillez les doigts avec le couteau (photo 11).
12. Pliez les coudes, puis mettez les doigts en forme pour qu'ils tiennent le biscuit (photo 12).

9

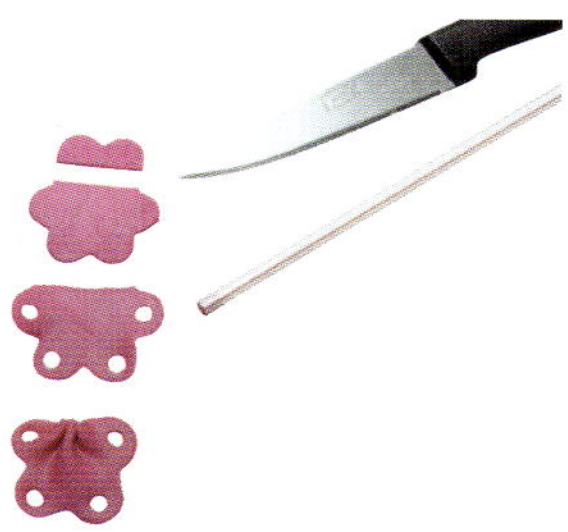

10

11

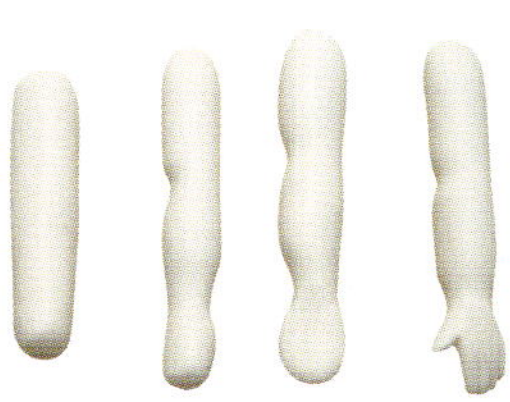

12

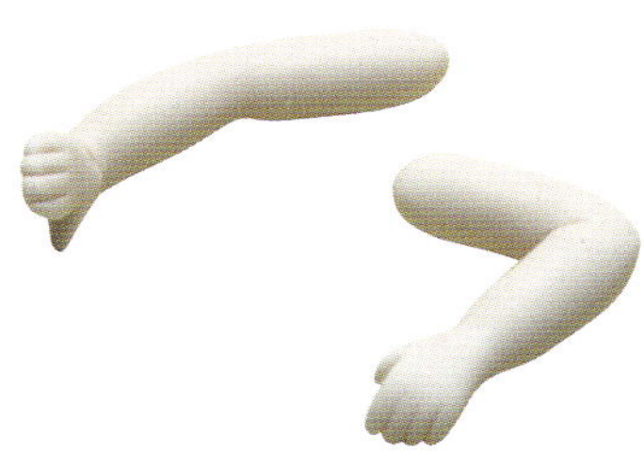

conseil

Lorsque vous coupez l'espace entre le pouce et l'index, retouchez les angles en appuyant doucement avec vos doigts pour les arrondir.

Petite gourmande !

13. Moulez le biscuit avec la pâte chocolat, placez-le dans la main avec un peu de colle (photo 13).
14. Collez les bras au corps, soutenez avec de la fibre de rembourrage (photo 14).
15. Affinez entre vos doigts les chutes des pétales que vous avez réservées, froncez-les (photo 15).
16. Collez les volants des manches sur les épaules, affinez les plis avec l'outil courbe (photo 16).

13

14

15

16

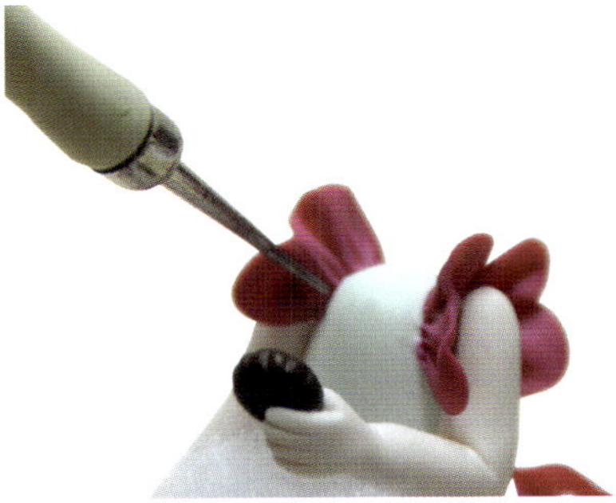

Petite gourmande !

17. Collez une fine fleur découpée dans la pâte amande pour le col, creusez l'emplacement du cou (photo 17).
18. Placez le cou avec de la colle puis enfoncez un cure-dent (photo 18).
19. Peignez le visage de la poupée avec les feutres, puis collez la tête sur le cou (photo 19).
20. Avec la pâte chocolat, modelez une boule de 2 cm pour former la calotte des cheveux, puis creusez-la avec la mirette large (photo 20).

17

18

19

20

astuce
Avant de coller la calotte de cheveux sur la tête, faites un essai, elle ne doit pas aller au-delà du haut du crâne et jusqu'à la base de la nuque.

Petite gourmande !

21. Collez la calotte de cheveux sur la tête, puis tracez les raies avec l'outil fin (photo 21).
22. Modelez les macarons en enroulant des boudins fins pliés en deux et torsadés, modelez des carottes fines pour la frange, striez-les au couteau (photos 22 et 23).
23. Collez les macarons et les mèches sur la tête (photo 24).
24. Moulez 4 petites fleurs fuchsia et amande, et collez-les sur les chignons.

21

22

23

24

Petite gourmande !

Il était une fois...

matériel

- WePAM en rouge, noir, chair, blanc, chocolat
- Colle Cléocol
- Mirettes à bout rond 2 mm et 4 mm
- Outil courbe fin
- WeMoule silicone nœuds
- 2 perles de rocaille noires
- Fil chenille rouge et noir

Réalisation :

1. Dans la pâte rouge, modelez une poire pointue à partir d'une boule de 2 cm, creusez le côté arrondi pour former la capuche (photo 1).
2. Dans la pâte chair, modelez une pastille de 1,5 cm, collez dans le creux sur la capuche. Collez une boulette pour le nez, et creusez l'emplacement des yeux avec la petite mirette (photo 2).
3. Étalez la pâte rouge sur 2 mm, découpez un rond de 3 cm à l'emporte-pièce. Recoupez un petit triangle avec le couteau (photo 3).
4. Avec le manche d'un pinceau, faites onduler le bord de la cape en le roulant dessus (photo 4).

1

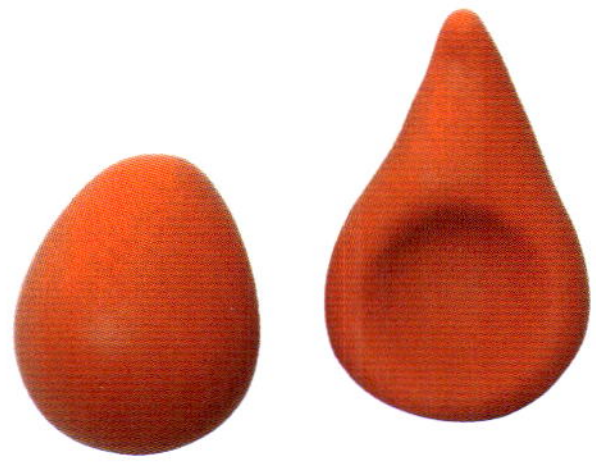

2

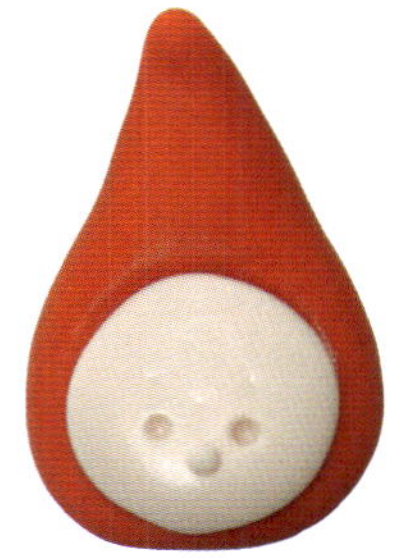

3

4

Il était une fois...

5. Dans la pâte chocolat, modelez deux petites carottes striées au couteau, puis collez-les sur le front du chaperon. Enfoncez les deux perles de rocaille pour les yeux avec un point de colle (photo 5).
6. Rosissez les joues avec un peu de fard ou de pastel sec (photo 6).
7. Collez la cape sous la tête, puis creusez l'emplacement du fil chenille avec la mirette 4 mm (photo 7).
8. Moulez un petit nœud blanc et collez-le à la base de la cape (photo 8).

5

6

7

8

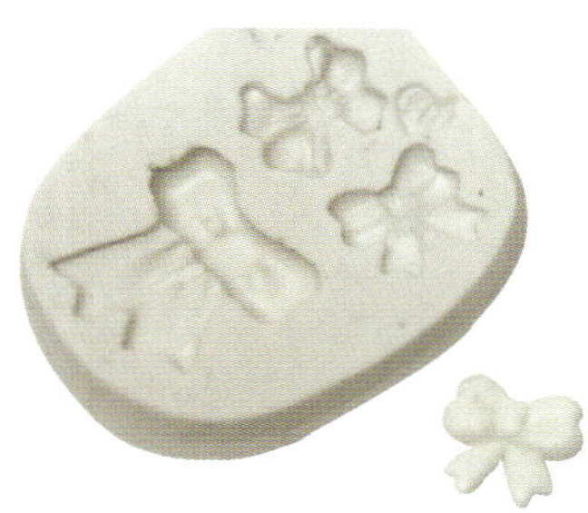

astuce

Laissez durcir complètement la tête sur une pique à brochette avant d'y coller le fil chenille torsadé autour de votre doigt.

9. Entortillez le fil chenille noir autour de votre doigt, réservez (photo 9).

10. Mélangez un peu de pâte blanche avec la pâte noire, puis modelez une boule de 2,5 cm, et une pastille blanche (photo 10).

11. Assemblez ces deux morceaux, roulez en serrant fort dans vos mains (photo 11).

12. Formez une poire à partir de cette boule pour créer la tête du loup (photo 12).

13. Modelez deux petites poires grises et deux blanches encore plus petites, superposez-les et aplatissez-les ensemble pour former les oreilles (photo 13). Collez sur la tête.

9

13

10

12

11

14. Creusez l'emplacement de la bouche avec la mirette ronde 4 mm, puis tracez le sourire avec l'outil courbe fin (photo 14).
15. Modelez un ovale noir pour le nez et un ovale rouge aplati pour la langue (photo 15).
16. Collez la langue et le nez sur la tête du loup (photo 16).
17. Collez deux pastilles blanches et deux petites boules noires pour faire les yeux (photo 17).
18. Modelez des petites carottes noires fines pour le toupet de poils et collez entre les oreilles (photo 18).

18

17

14

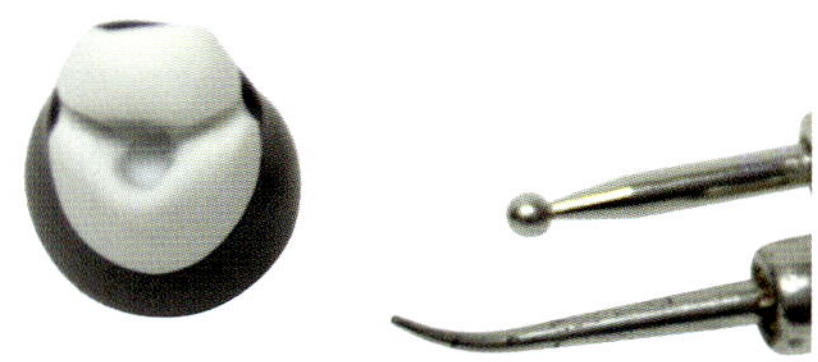

15

16

19. Creusez le dessous de la tête pour y introduire le fil chenille (photo 19).
20. Modelez des carottes noires, blanches et grises pour former la queue, rassemblez-les avec un peu de colle en pressant avec vos doigts (photo 20).
21. Creusez la base de la queue avec la mirette 4 mm pour y introduire le fil chenille (photo 21).
22. Collez la tête et la queue à chaque extrémité du fil chenille entortillé (photo 22).

19

20

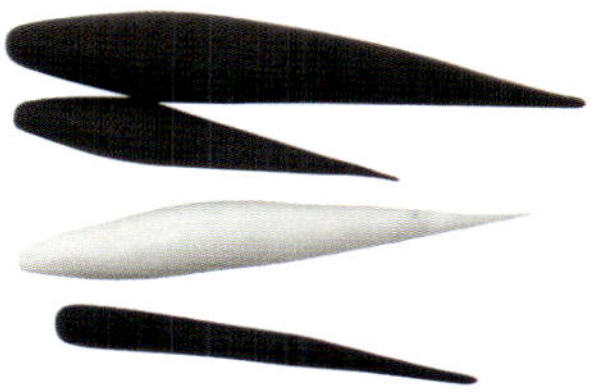

21

22

Il était une fois...

Comme du papier

matériel

- WePAM en rose fuchsia, blanc
- Colle Cléocol
- Emporte-pièce étoile 3 cm
- Cure-dent
- Film étirable
- 2 anneaux métalliques
- 2 supports pour boucles d'oreilles pendantes

L'étoile tressée

Réalisation :

1. Étalez finement au rouleau la pâte rose fluo mélangée à un peu de blanc pour l'éclaircir (photo 1).
2. Découpez de fines bandes de 4 mm avec la roulette (photo 2).
3. Tressez ces bandes comme illustré sur l'image (photo 3).
4. Placez un morceau de film étirable sur le tressage puis découpez deux étoiles avec l'emporte-pièce (photo 4).

1

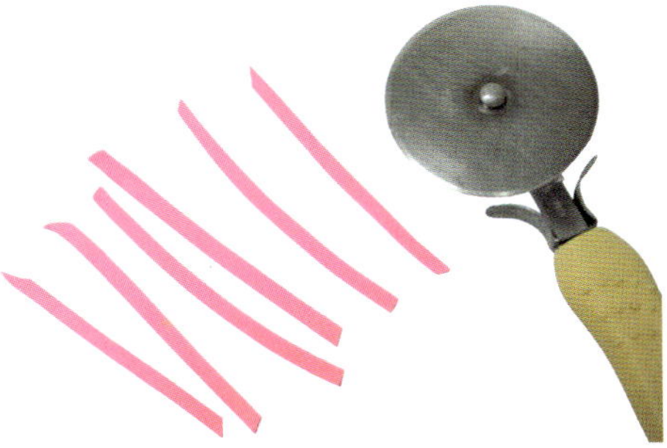

2

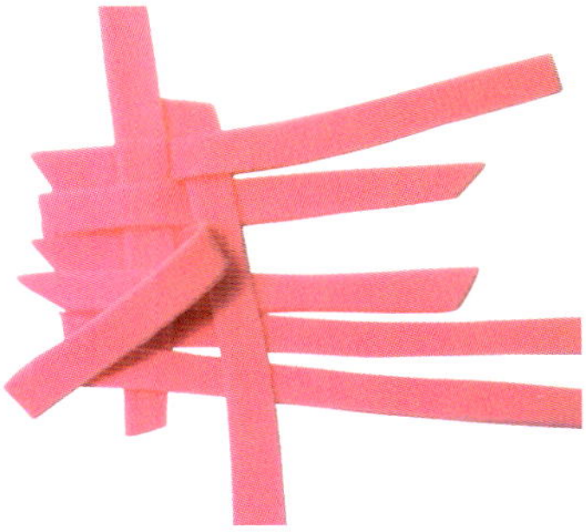

3

4

Comme du papier : les boucles étoiles

5. Percez une des pointes sur chaque étoile et laissez sécher (photo 5).
6. Passez les mini anneaux dans les trous ménagés dans les étoiles, puis fixez les supports de boucle. Vous pouvez choisir de vernir les étoiles au vernis glassificateur pour les rendre brillantes, ou les laisser telles quelles.

5

conseil

Appliquez des petits points de colle au pinceau aux endroits où le tressage est coupé si nécessaire. Pour éviter la déformation de l'étoile pendant le séchage, due à la rétractation, il faudra retourner plusieurs fois les pièces pour qu'elles restent bien plates.

Comme du papier : les boucles quilling

matériel

- WePAM blanche
- Cléocol
- Gabarit
- Règle graduée
- Pinceau
- Roulette à découper
- Papier sulfurisé
- 2 tiges à clou
- 2 supports de boucles
- Pince à bijoux

1. Décalquez le modèle du gabarit fourni à l'aide du papier sulfurisé (photo 1).
2. Étalez finement la pâte blanche sur 1 mm d'épaisseur, puis découpez des bandes de 6 mm à l'aide de la roulette (photo 2).
3. Laissez sécher quelques minutes à l'air libre pour que les bandes raffermissent un peu, puis mettez en forme sur le dessin par transparence. Il vous faut deux bandes par boucle, recoupez l'excédent pour chaque volute (photo 3).

1

2

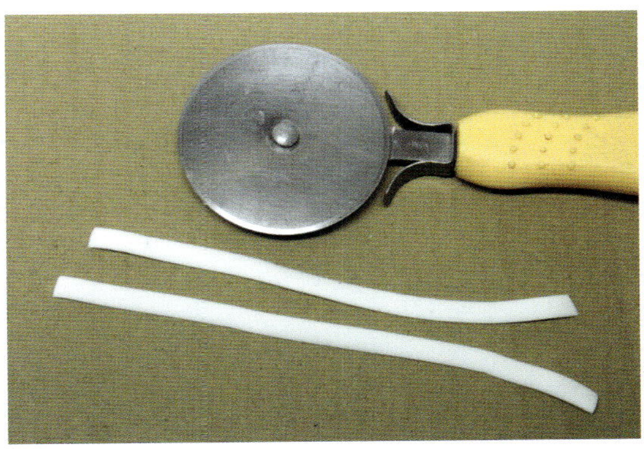

3

Comme du papier : les boucles quilling

4. Mettez un point de colle à l'aide du pinceau aux endroits où les deux volutes se touchent pour les fixer ensemble (photo 4).
5. Percez le sommet de la boucle où viendra se loger le clou à tige (photo 5).
6. Recoupez la tige du clou et introduisez-la par l'intérieur de la volute. Laissez durcir totalement (photo 6).
7. Enroulez sur elle-même la tige recoupée à l'aide de la pince, pour former un anneau. Montez les supports de boucle.

4

5

6

7

astuce

Si vos boucles se déforment en séchant, chauffez-les à l'aide d'un séchoir à cheveux, la pâte s'assouplira et vous pourrez modifier son mouvement. Cette technique s'applique à toutes les épaisseurs assez fines.

Les boucles quilling

Petit rat

matériel

- WePAM en rose dragée, rose fluo, blanc, chair, caramel
- Rouleau
- Stylo bille à mine échangeable (type Bic)
- WeMoule en silicone «nœuds»
- Mirette à bout rond 8 mm
- Emporte-pièces ronds 4 cm et 1 cm
- Mini emporte-pièce à piston fleur
- Pinceau fin et peinture (ou feutres)
- Vernis irisé Cléopâtre
- Papier de verre

Réalisation :

1. Roulez un boudin de 5 cm de long x 3 cm de large, affinez chaque extrémité en pointe, puis marquez le milieu en roulant le boudin sur la table avec l'auriculaire. Appuyez légèrement pour aplatir le dessous (photo 1).
2. Marquez les bouts avec le dos du couteau (photo 2).
3. Creusez le centre en ménageant un trou un peu plus large que le diamètre du stylo, et collez deux pastilles de WePAM chair pour imiter la peau des pieds (photo 3).
4. Modelez une boule blanche de 1 cm, collez-la dans le trou, puis creusez avec le manche de la mirette. Le creux doit être plus large que la pointe du stylo (photo 4).
5. Moulez deux rubans blancs avec le moule en silicone, puis collez sur chaque pied comme illustré (photo 5).

1

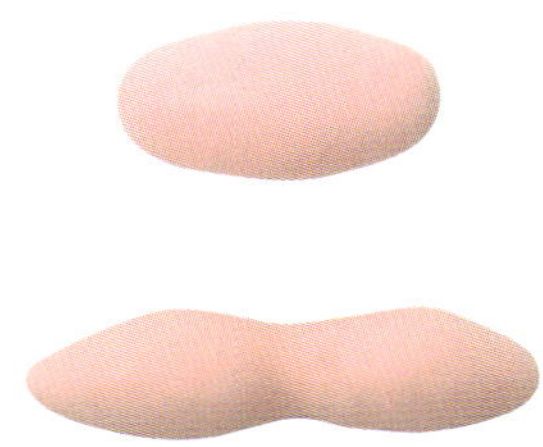

2

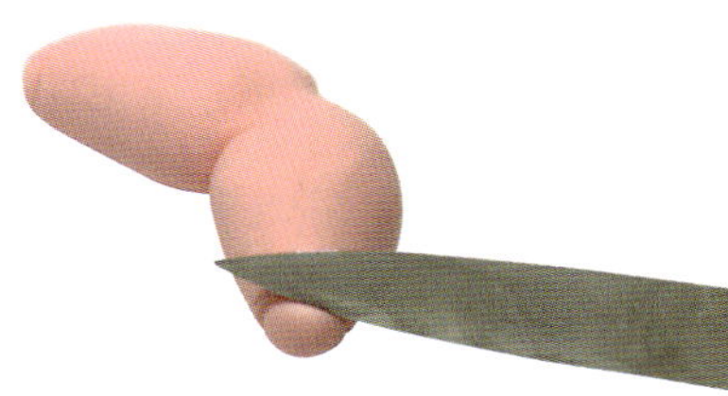

3

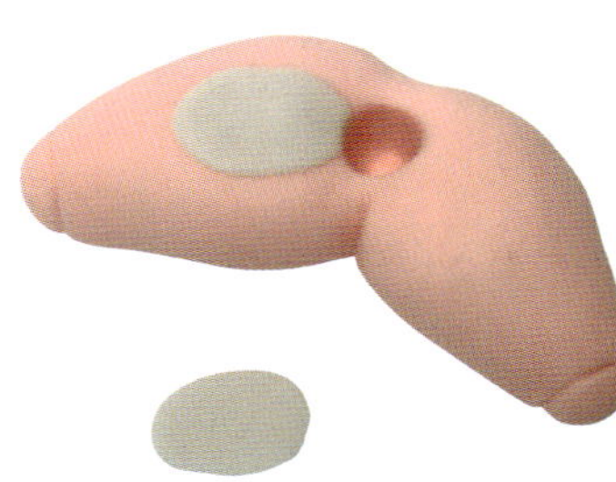

5

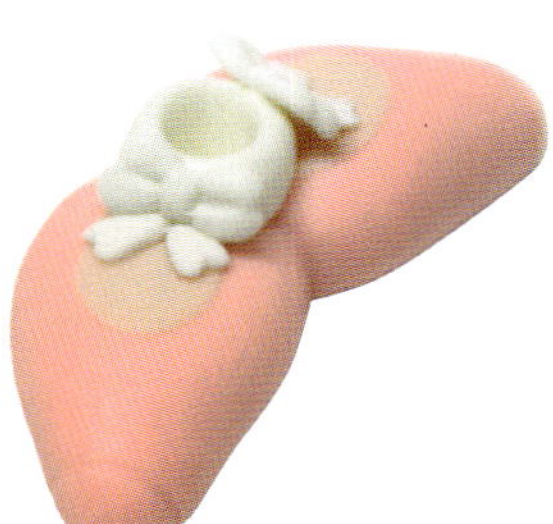

4

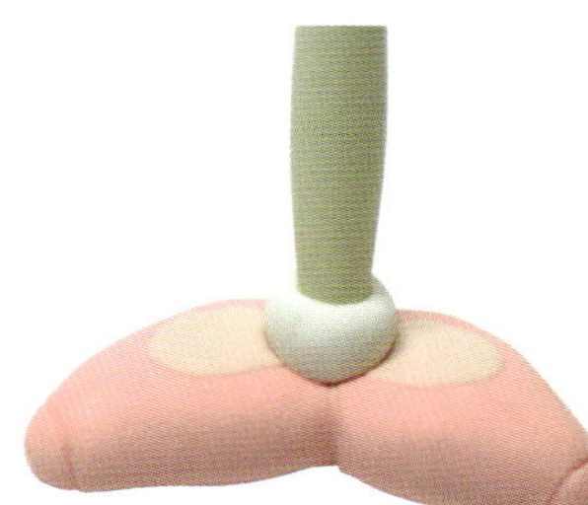

Petit rat : le stylo

6. Démontez la mine du stylo, puis poncez entièrement le corps en plastique avec le papier de verre (photo 6).
7. Étalez finement un long boudin de pâte chair d'environ 30 cm, recoupez les bords pour qu'ils soient droits si nécessaires, puis encollez le stylo. Enroulez la bande obtenue en la plaçant en biais tout autour du stylo, en démarrant de la pointe, et en laissant 4 cm non couverts (photo 7).
8. Roulez le stylo sur la table pour estomper les raccords (photo 8).
9. Recoupez l'excédent de pâte à la pointe du stylo, puis testez la taille du trou ménagé dans le support (photo 9).
10. Pour faire le corps, modelez un boudin de 3 cm de long dans la pâte rose, puis marquez la taille en roulant le boudin sur la table avec votre doigt. Percez le corps de part en part avec le manche d'un pinceau en élargissant le trou pour pouvoir le glisser sur le stylo (photo 10).

6

7

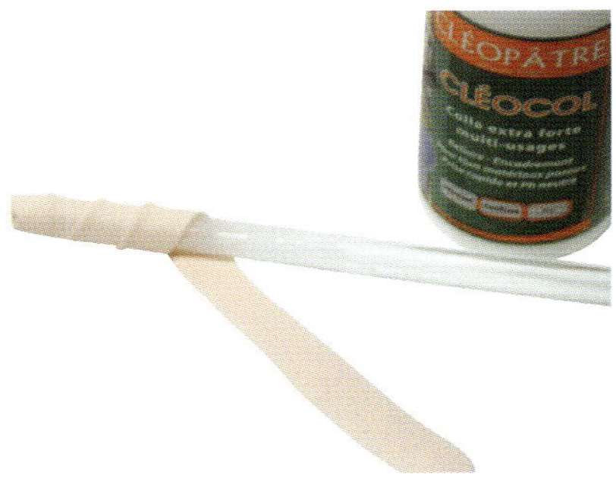

8

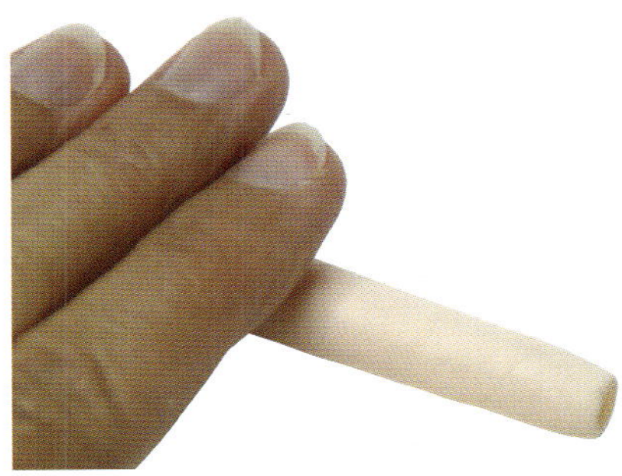

9

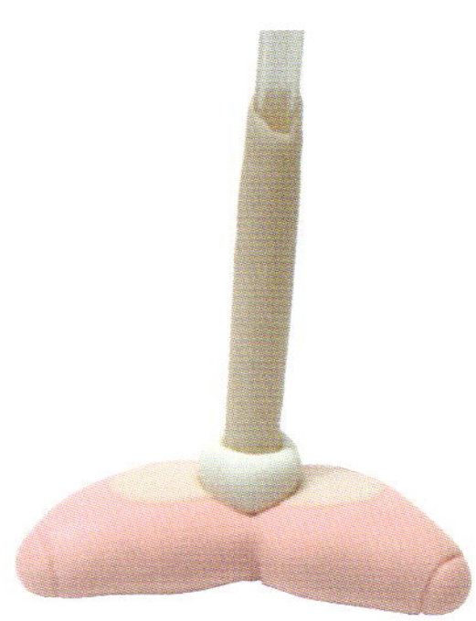

10

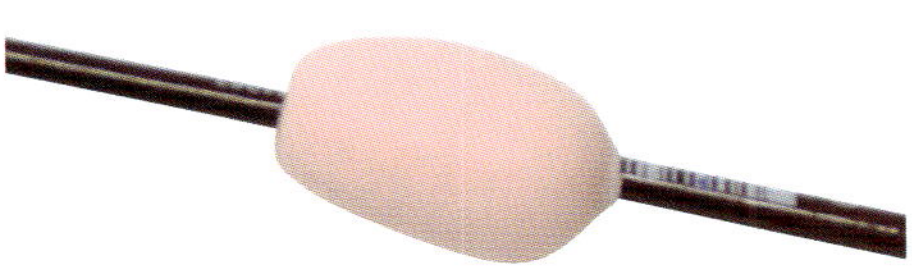

Petit rat : le tutu

11. Collez le corps sur le stylo, côté étroit vers le haut (photo 11).
12. Étalez finement la pâte rose dragée, puis découpez-y deux cercles à l'emporte-pièce. Frisottez les bords en roulant un cure-dent sur les bords (photo 12).
13. Coupez un petit cercle au centre de chaque jupe à l'emporte-pièce (photo 13).
14. Encollez les hanches, puis enfilez les deux jupes sur le corps (photo 14).
15. Modelez un petit cône dans la pâte chair pour former le décolleté, pincez la base pour l'affiner (photo 15).

11

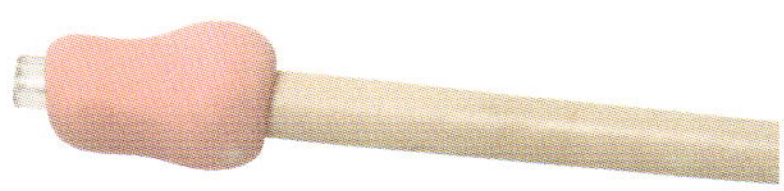

12

13

14

15

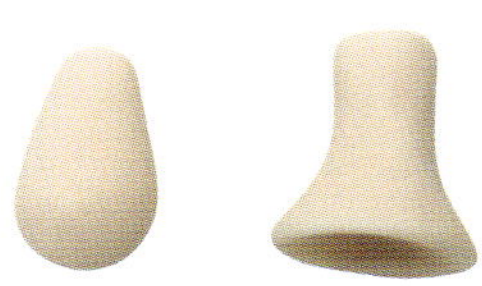

conseil

Laissez sécher quelques minutes les ronds du tutu avant de les frisotter, ce sera plus facile. Il faut appuyer en roulant sur la partie du cure-dent qui est sur la table et le déplacer petit à petit tout autour de la jupe.

Petit rat : la tête et les bras

16. Collez le cou sur le corps (photo 16).
17. Modelez un ovale de 2,5 cm dans la pâte chair pour la tête, collez une boulette pour le nez (photo 17).
18. Creusez l'arrière de la tête avec le manche de la mirette pour pouvoir y enfoncer le cou (photo 18).
19. Modelez un boudin très fin de 4 cm dans la pâte chair pour former les bras (photo 19).
20. Collez les deux extrémités du boudin aux épaules (photo 20).

16

17

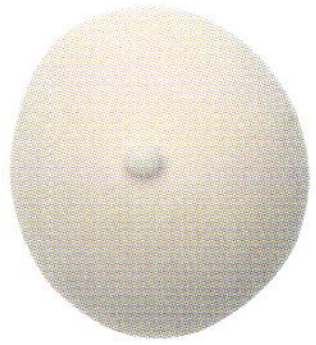

18

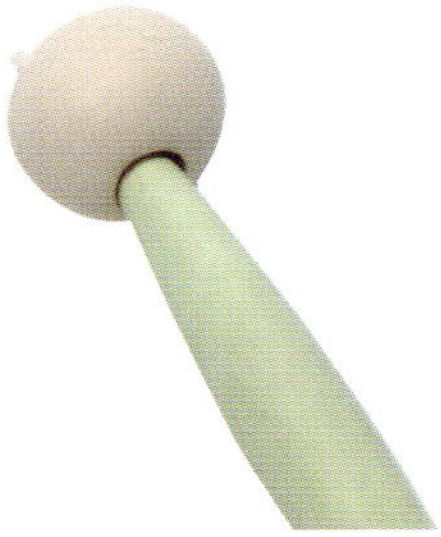

19

20

Petit rat : le visage et la coiffure

21. Étalez finement la pâte rose fluo et la pâte blanche, puis coupez-y des petites fleurs à l'aide de l'emporte-pièce à piston, collez sur l'emplacement des mains et de l'encolure (photo 21).
22. Peignez le visage de la ballerine, puis collez la tête sur le cou avec un petit morceau de cure-dent (photo 22)
23. Modelez une boule 1,5 cm dans la pâte caramel, puis creusez-la avec la mirette (photo 23).
24. Collez la calotte sur la tête, puis striez pour imiter les cheveux (photo 24).
25. Pour faire le chignon, torsadez un fin boudin caramel, puis enroulez-le sur lui-même. Collez sur la tête (photo 25).

21

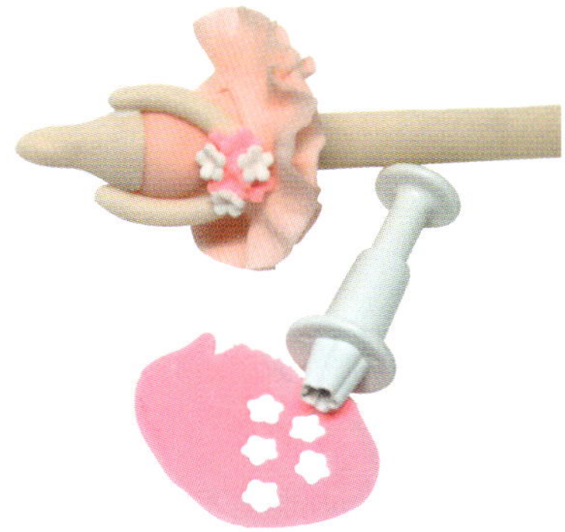

22

23

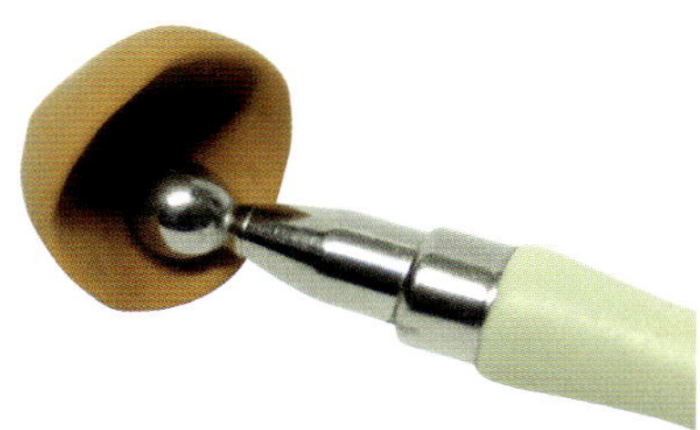

25

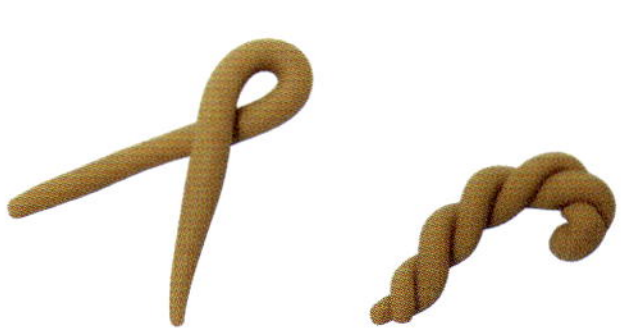

24

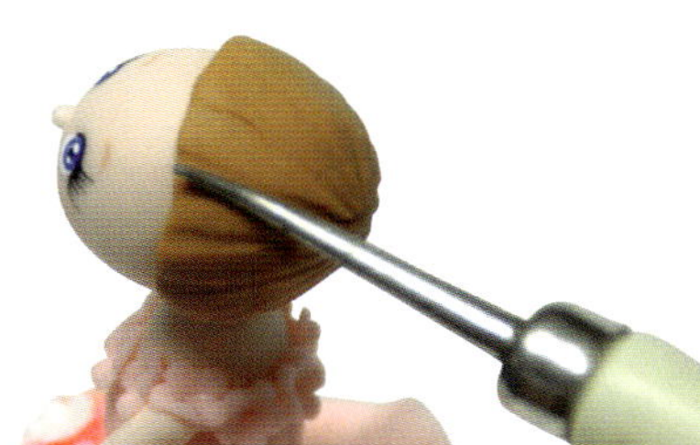

Petit rat : les finitions

26. Modelez des petites carottes aplaties et striées dans la pâte caramel pour les mèches du front (photo 26).
27. Collez les mèches (photo 27).
28. Modelez deux petites poires de 5 mm dans la pâte chair, aplatissez-les et collez-les de chaque côté de la tête (photo 28).
29. Collez des petites fleurs autour du chignon (photo 29).
30. Dessinez le cœur des fleurs avec un feutre (photo 30).
31. Laissez sécher totalement le stylo avant de remettre la mine et de l'installer sur le support.

26

27

28

29

30

bonne idée

Vernissez les chaussons et le tutu avec le vernis irisé pour imiter l'aspect du satin. Pour stabiliser d'avantage le stylo, collez le support sur un socle rond.

Petit rat

À la faveur de l'automne

matériel

- WePAM rose poupée, vert anis, caramel, blanc, orange, chocolat
- Cléocol
- Rouleau
- 2 perles de rocaille noires
- Mirettes à bout rond de 2 mm et 4 mm
- WeMoule silicone feuilles de lierre
- Cutter de précision
- Papier de verre fin
- Pastel sec ocre et vert
- Vernis mat en bombe Cléopâtre
- Feutres fins
- 2 cure-dents
- Emporte-pièces fleurs 2,5 cm et 7 cm

Réalisation :

1. Poncez la lampe au papier de verre fin, puis nuancez-la en passant du pastel sec sur toute la surface, estompez au doigt (photo 1).
2. Moulez des petites feuilles dans la pâte vert anis, puis collez-les sur la lampe (photo 2).
3. Modelez une boule de 2 cm dans la pâte rose poupée, enfoncez des perles de rocaille pour les yeux, collez une boulette pour le nez, puis creusez la bouche avec la petite mirette (photo 3).
4. Mélangez à parts égales la WePAM rose et la WePAM chocolat pour obtenir un brun clair, formez un cône à partir d'une boule de 3 cm, pincez les bords pour former la tunique (photo 4).
5. Soulevez les bords de la tunique aux emplacements de pieds (photo 5).

1

2

3

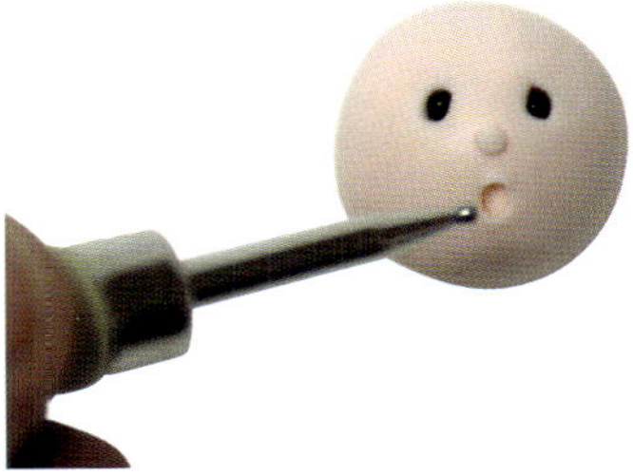

5

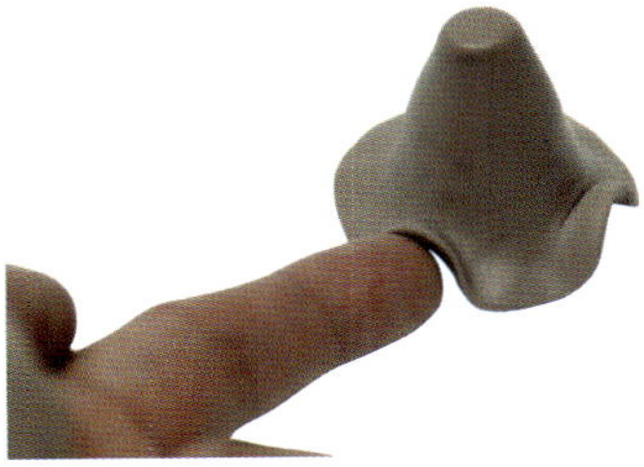

4

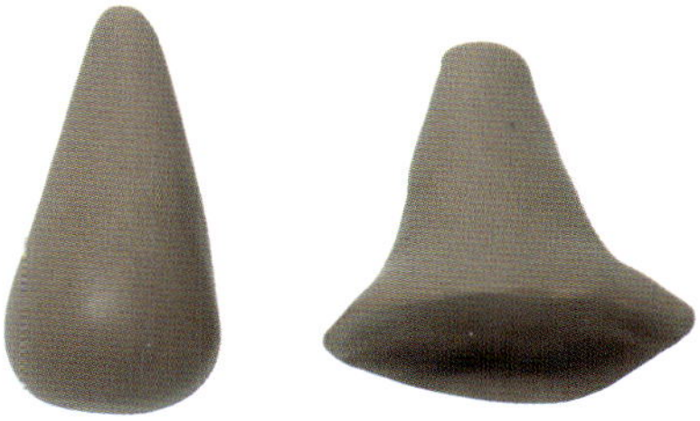

À la faveur de l'automne : le lutin

6. Modelez deux poires de 1,5 cm dans la pâte rose poupée, aplatissez-les puis marquez les voûtes plantaires. Collez 5 boulettes sur chaque pied pour les orteils (photo 6).
7. Collez les pieds sur la tunique (photo 7).
8. Étalez finement la pâte vert anis, puis découpez-y une fleur pour former le col. Retouchez les pétales pour les rendre pointus en les pinçant entre vos doigts, et marquez les nervures avec le cutter (photo 8).
9. Collez le col sur le corps, puis plantez la tête sur un cure-dent avec un peu de colle (photo 9).
10. Modelez 2 carottes de 3 cm dans la pâte brune, creusez le côté large pour préparer l'emplacement des mains (photo 10).

6

7

8

10

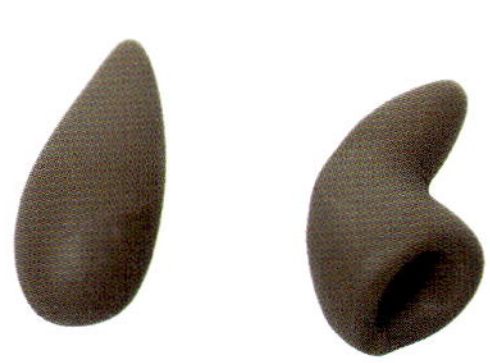

9

À la faveur de l'automne : la fleur

11. Modelez 2 petites poires aplaties dans la pâte rose poupée pour faire les mains, coupez l'espace entre le pouce et l'index, puis mettez les mains en forme autour du cure-dent (photo 11).
12. Retirez le cure-dent des mains, colorez-le en vert, puis replacez-le dans les mains en le collant (photo 12).
13. Rosissez les joues et dessinez les yeux et les sourcils au feutre (photo 13). Collez le lutin sur la lampe.
14. Étalez la pâte blanche sur 1,5 mm, coupez une grande fleur et mettez-la en forme en la posant sur une demi-boule en acrylique (photo 14)
15. Collez une pastille de pâte orange au centre de la fleur, griffez toute la surface avec le cure-dent, et laissez durcir complètement (photo 15).

11

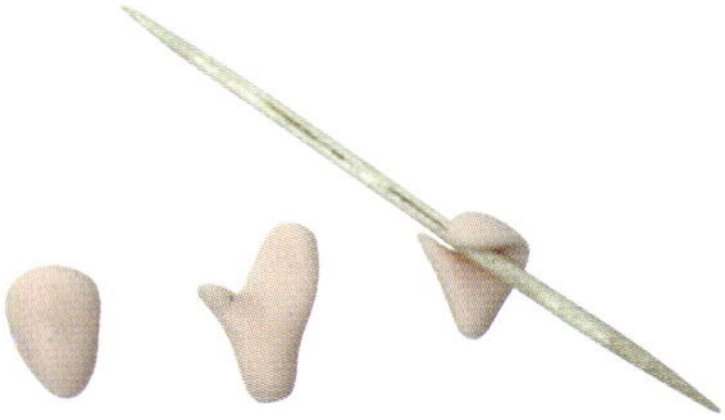

12

13

15

14

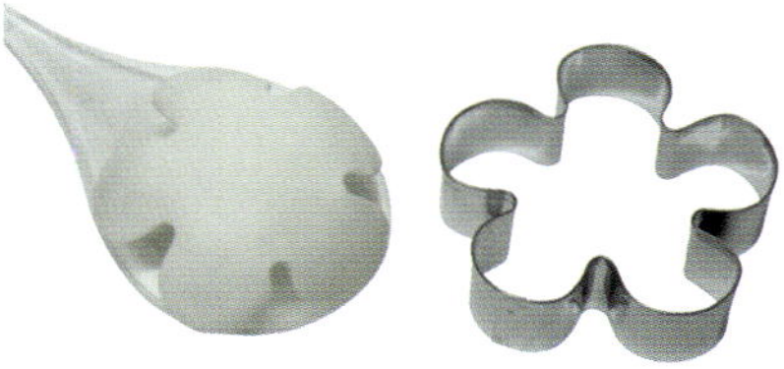

astuce
Si vous n'avez pas de boule en acrylique pour mettre en forme votre fleur, utilisez une boule en polystyrène ou même une boule de papier aluminium froissé.

À la faveur de l'automne : le chapeau

16. Modelez des petits boudins très fins dans la pâte caramel, pliez-les en deux puis collez-les autour du visage pour faire les cheveux (photos 16 et 17).
17. Modelez une poire de 4 cm dans la pâte brune, affinez la pointe et pincez fortement les bords pour former le chapeau très large (photo 18).
18. Collez le chapeau sur la tête. Modelez 2 petites poires dans la pâte rose poupée pour les oreilles, étirez les pointes pour leur donner une allure elfique, puis collez sur la tête (photos 19 et 20).

16

17

18

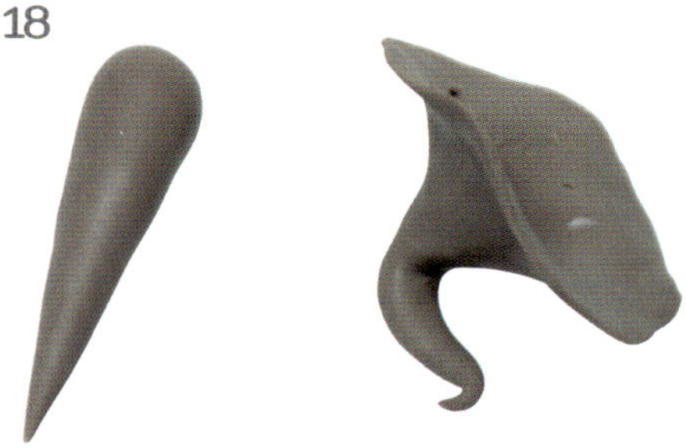

19

20

À la faveur de l'automne : les finitions

19. Formez une petite poire de 1,5 cm dans la pâte vert anis, marquez les côtés avec le cure-dent pour dessiner les nervures du pédoncule. Creusez la pointe avec le cure-dent (photo 21).

20. Retirez la fleur de son support, puis collez le pédoncule dessous (photo 22).

21. **Laissez sécher le travail 24 heures avant d'assembler la fleur et la tige.**

22. Collez la fleur sur la tige, soutenez avec une pique en bois (photo 23)

23. Ajoutez des touches de couleur sur la fleur et des points blancs sur la tunique et le chapeau (photo 24).

21

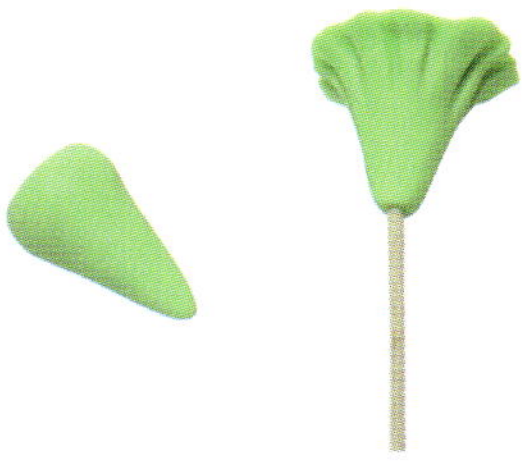

22

24

23

conseil

Pour protéger le pastel passé sur la lampe, vaporisez l'ensemble avec du vernis mat en bombe.

À la faveur de l'automne

Pour la clé de mon cœur

matériel

- WePAM en fuchsia, blanc
- Mirette à bout rond 2 mm
- Tige à anneau
- Support porte-clé
- Cléocol
- Mini strass
- Emporte-pièce à piston fleur 5 mm

Réalisation :

1. Mélangez un peu de pâte blanche avec la pâte fuchsia pour l'éclaircir, puis roulez une boule de 3 cm bien serrée. Étalez finement la pâte blanche, découpez des fleurs à l'emporte-pièce à piston, puis posez-les sur la boule (photo 1).
2. Roulez à nouveau la boule dans vos paumes pour intégrer totalement les fleurs, puis creusez chaque centre de fleur avec la petite mirette (photo 2).
3. Façonnez une poire en essayant de ne pas déformer les fleurs (photo 3).
4. Creusez le côté large de la poire avec le manche d'un pinceau (photo 4).

1

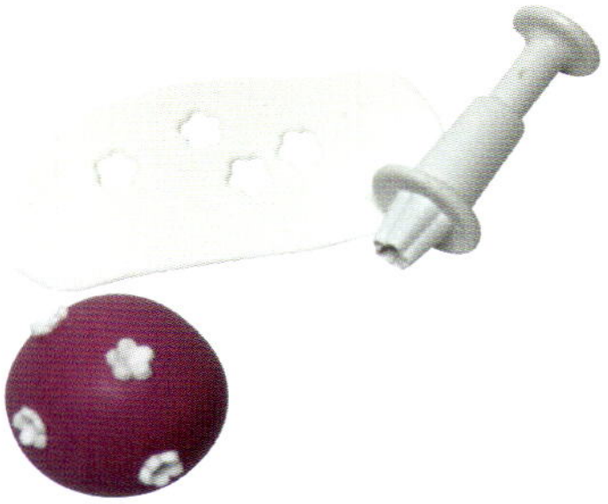

2

3

4

Pour la clé de mon cœur

5. Adoucissez la marque faite avec le manche du pinceau à l'aide du petit doigt (photo 5).
6. Collez un petit strass dans chaque fleur (photo 6).
7. Montez le porte-clé sur la tige à anneau, puis enfoncez la tige dans le cœur avec un peu de colle (photo 7).

5

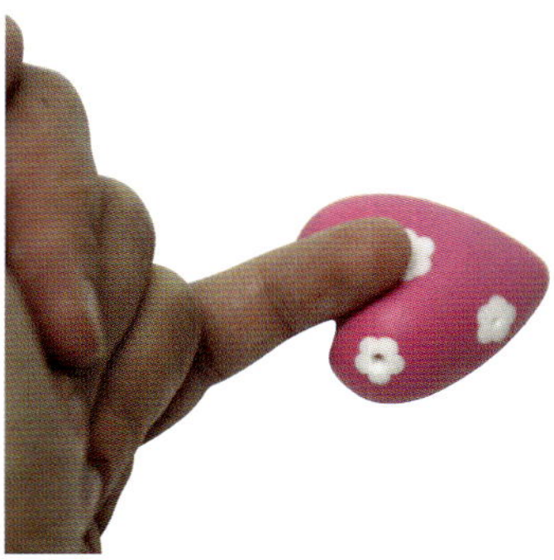

6

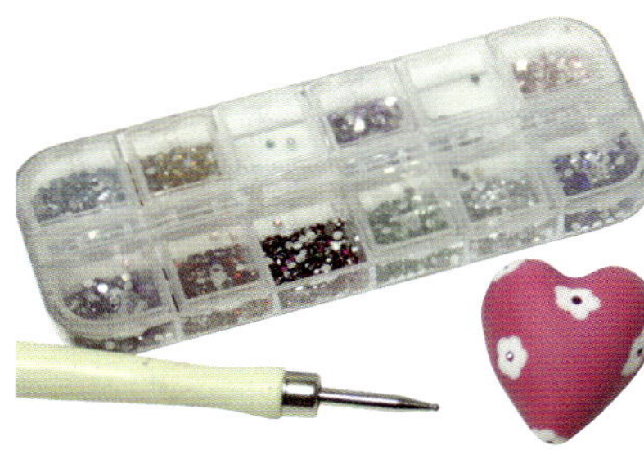

7

conseil

Pour faire une boule bien ronde et parfaitement lisse, il est impératif de serrer très fort la pâte entre les paumes de la main : c'est aussi ce geste qui évite à la pâte de fissurer en séchant.

Pour la clé de mon cœur

Il est chouette ce pot

matériel

- WePAM en vert anis, rose fluo, jaune, blanc, azur, noir
- Rouleau
- Emporte-pièce rond 1,5 cm
- Emporte-pièce ovale 5 cm
- Emporte-pièce cœur 2 cm
- Emporte-pièce mini-cœur 6 mm
- Cure-dents
- Sous verre en bois
- Cléocol
- Cylindre en carton de récupération
- Roulette
- Mirette à bout rond 4 mm
- Feutre blanc

Réalisation :

1. Étalez la pâte vert anis sur 2 mm, puis coupez aux dimensions du cylindre + 1,5 cm (photo 1).
2. Encollez le cylindre, et posez la pâte dessus. Rabattez les bords sur l'intérieur et coupez proprement le surplus. Soignez le raccord en lissant la pâte (photo 2).
3. Étalez la pâte vert anis et encollez le dessous de verre, posez la pâte dessus, rabattez la pâte sur les côtés, puis recoupez à ras avec le couteau (photo 3).
4. Prenez plusieurs cure-dents en même temps et griffez la pâte (photo 4).

1

2

3

4

Il est chouette ce pot

5. Collez le cylindre sur le socle (photo 5).
6. Éclaircissez légèrement la pâte rose fluo en y ajoutant un peu de pâte blanche, puis étalez une épaisseur de 2 mm et découpez un ovale (photo 6).
7. Recoupez la base pour l'arrondir et la raccourcir un peu (photo 7).
8. Étalez la pâte azur finement, découpez 3 cœurs (photo 8).

5

6

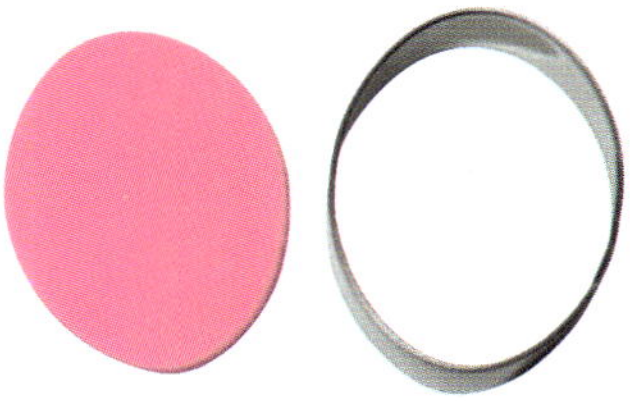

7

8

Il est chouette ce pot

9. Collez un cœur sur l'ovale, les deux autres derrière pour former les ailes. Découpez deux ronds blancs pour les yeux, 2 petits cœurs roses pour les oreilles (photo 9).
10. Découpez 3 petits cœurs jaunes pour le bec et les pattes, collez sur la chouette. Collez deux petites pastilles noires pour les pupilles, collez dans les yeux (photo 10).
11. Dessinez des points blancs sur la chouette et dans le noir des yeux (photo 11).
12. Collez la chouette sur le pot (photo 12).

9

10

11

12

Il est chouette ce pot

13. Étalez finement la pâte azur, puis découpez une bande de 1, 5 cm de large et du périmètre du pot. Festonnez les bords avec la mirette 4 mm (photo 13).
14. Collez la bande sur le haut du pot, raccordez à l'avant. Dissimulez le raccord sous un moulage ruban (photo 14).
15. Moulez des petites fleurs bleues et roses. Collez-les sur la base du pot (photo 15).

13

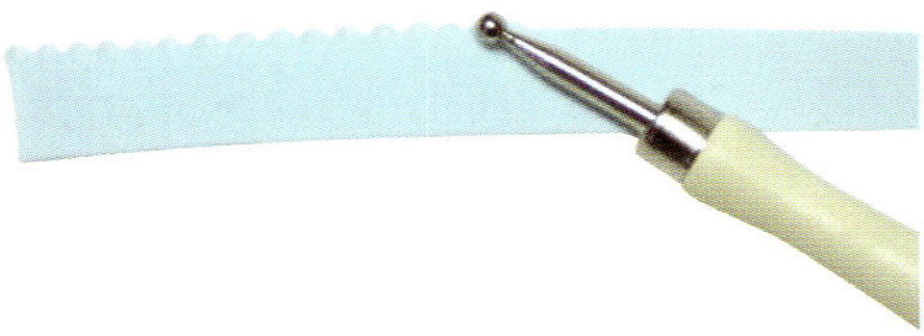

14

15

conseil

Peignez l'intérieur du pot à l'acrylique pour une finition plus soignée. Vous pouvez aussi utiliser un pot en verre ou en bois pour réaliser ce projet.

Il est chouette ce pot

Oui Chef !

matériel

- WePAM en chair, blanc, chocolat, bleu royal
- Rouleau
- Emporte-pièces ronds 6 et 8 cm
- Cléocol
- Moule silicone visage d'enfant
- Moule silicone chocolat et macarons
- Fibre de rembourrage
- Support broche 3 cm
- Feutre blanc
- Feutres fins

Réalisation :

1. Étalez la pâte bleu royal sur 4 mm d'épaisseur, et placez un film étirable dessus. Puis découpez un disque de 6 cm (photo 1).
2. Moulez le visage avec la pâte chair (photo 2).
3. Maquillez le visage avec les feutres (photo 3).
4. Formez des carottes aplaties avec la pâte chocolat, puis collez-les sur la tête (photo 4).

1

2

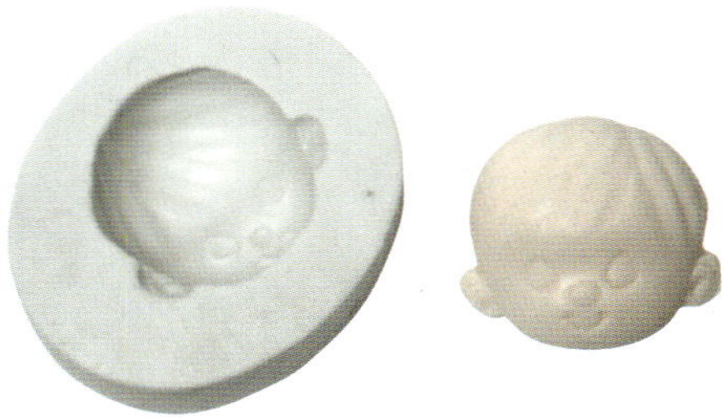

3

4

Oui Chef !

5. Collez le visage sur le badge (photo 5).
6. Étalez finement la pâte blanche, coupez un cercle de 8 cm et froncez le bord (photo 6).
7. Formez une bourse, remplissez-la avec un petit morceau de fibre de rembourrage (photo 7).
8. Collez sur la tête, puis bordez avec une petite bande blanche (photo 8).

5

6

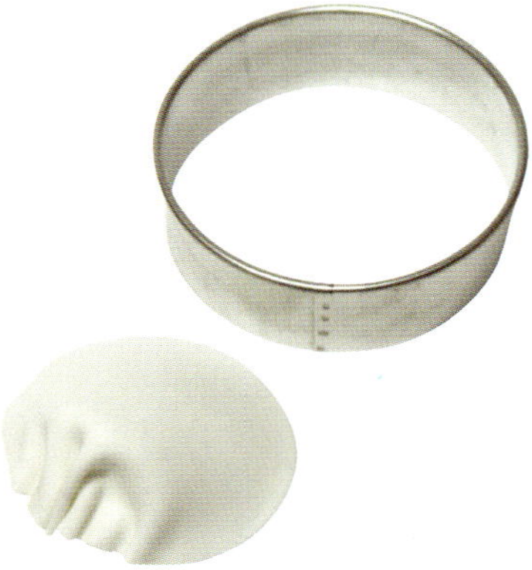

7

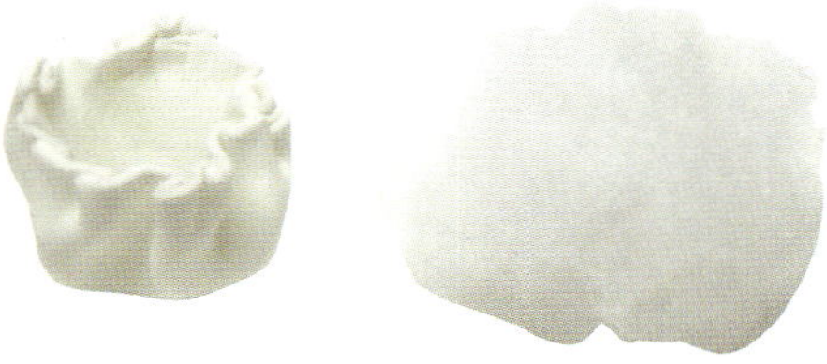

8

Oui Chef !

9. Moulez une petite plaque de chocolat et collez-la sur la toque (photo 9).

10. Inscrivez «Oui chef !» sur le badge et laissez sécher (photo 10).

11. Collez la broche à l'arrière du badge (photo 11).

9

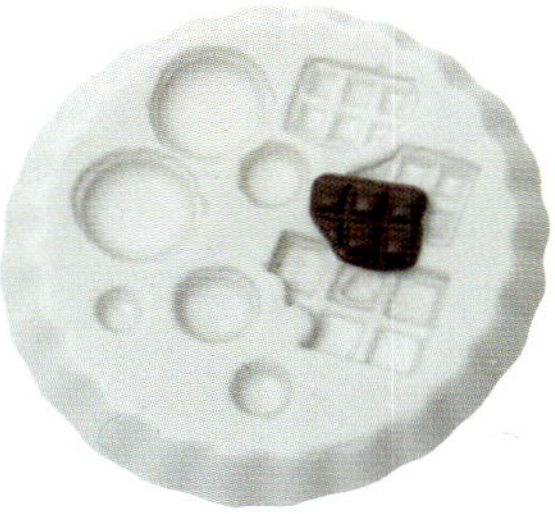

10

11

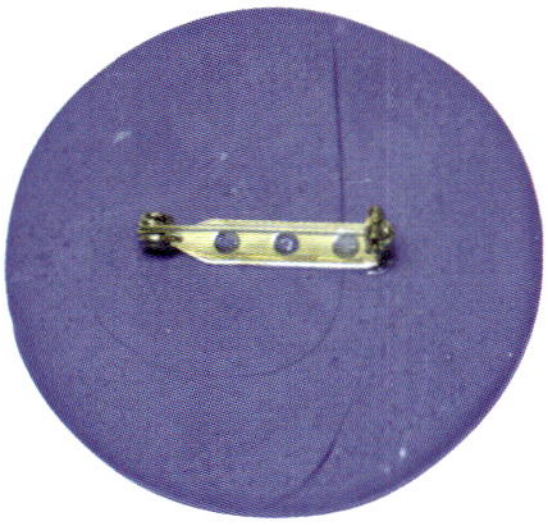

conseil

Utilisez une colle à bijoux de préférence car le métal pourrait s'oxyder. Vernissez votre badge pour qu'il ne se salisse pas.

Pirate

matériel

- WePAM en rouge, vert fluo, jaune fluo, caramel, noir, argent
- Cléocol
- Emporte-pièces lettres de 2,5 cm
- Film étirable
- Emporte-pièce rond 3 cm
- Mirette à bout rond 4 mm
- Emporte-pièce feuille longue
- Peinture acrylique bleue et blanche et pinceau
- Couteau
- Rouleau
- Fibre de rembourrage
- Patère cadre en bois brut (Picwic)

Réalisation :

1. Peignez la patère en bleu et imitez les nuages avec une petite éponge et de la peinture blanche diluée. Étalez les pâtes rouge, jaune et verte, et placez un film étirable par-dessus pour découper les lettres du prénom (photo 1).
2. Collez les lettres sur la patère. (photo 2).
3. Modelez un petit boudin noir de 5 cm, pliez-le en deux pour faire les jambes du pirate (photo 3).
4. Modelez un petit boudin de 3 cm dans la pâte caramel, coupez-le en deux et formez les bottes en pliant la pâte, affinez la cheville (photo 4).

1

2

3

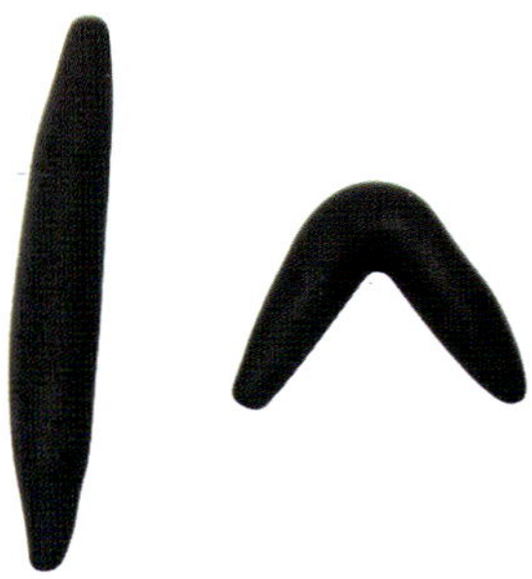

4

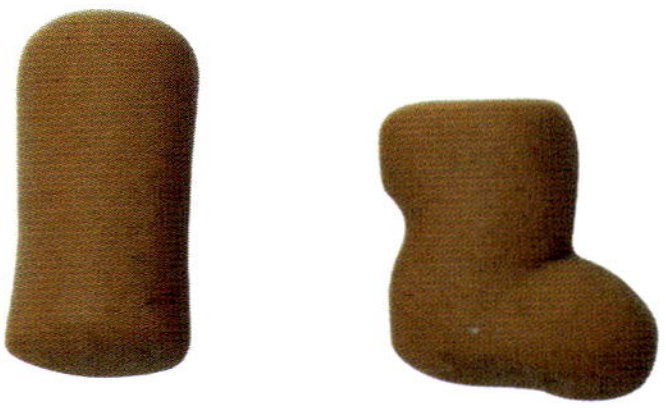

Pirate

5. Marquez la semelle et les talons des bottes avec le dos du couteau (photo 5).
6. Creusez le haut des bottes et collez le pantalon dedans (photo 6).
7. Modelez une poire blanche de 2 cm, creusez la base avec la mirette (photo 7).
8. Modelez deux petits boudins blancs pour les bras, creusez un côté pour ménager la place des mains (photo 8).

5

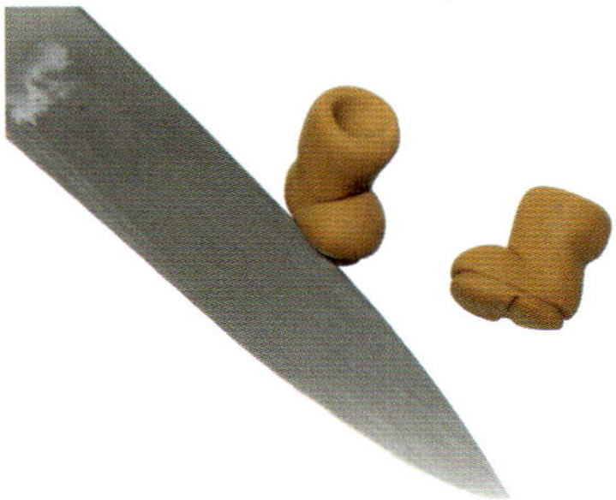

6

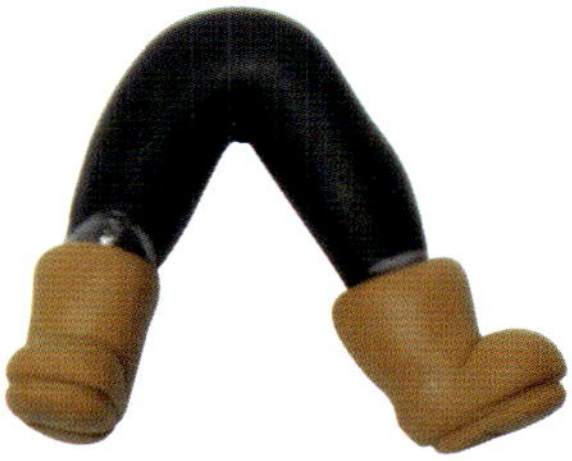

7

8

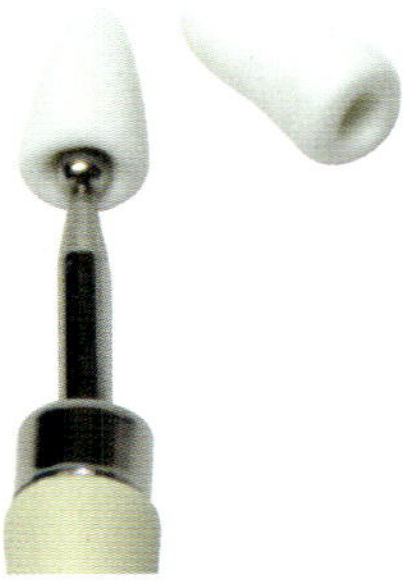

Pirate

9. Collez les bras sur le corps, puis peignez des rayures bleues (photo 9).
10. Collez le pull sur les jambes (photo 10).
11. Modelez deux gouttes chair, pour les mains, collez dans les manches (photo 11).
12. Mettez une des mains en forme autour d'un cure-dent (photo 12).

9

10

11

12

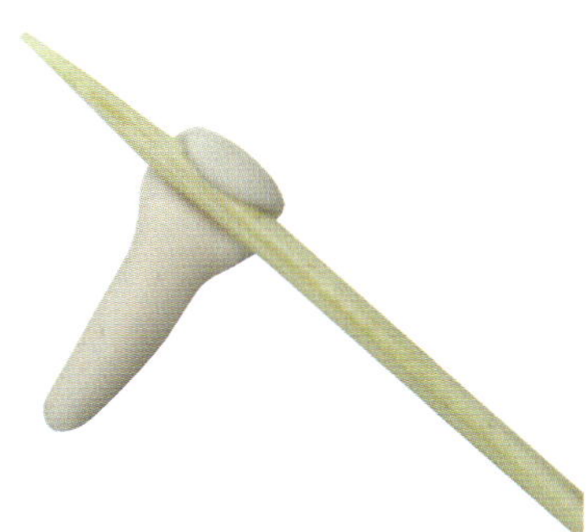

Pirate

13. Modelez une boule chair de 2 cm, collez une boulette pour le nez, et une demi-pastille blanche pour le sourire (photo 13).
14. Collez la tête sur le corps, puis dessinez les yeux et les sourcils au feutre (photo 14).
15. Étalez la pâte rouge, et coupez un rond à l'emporte-pièce. Recoupez une ligne droite pour faire le foulard (photo 15).
16. Collez le foulard sur la tête en rabattant les bords vers l'arrière. Collez deux petites poires rouges pour faire le nœud (photo 16).

13

14

15

16

Pirate

17. Modelez une goutte dans la pâte argent pour faire le poignard, aplatissez-la. Aplatissez une pastille argent, trouez le centre et enfilez-le avec une pointe de colle (photo 17).
18. Collez le poignard dans la main du pirate et collez le pirate sur la patère (photo 18).
19. Aplatissez un boudin pointu dans la pâte chocolat pour faire le palmier, marquez le tronc avec un cure-dent. Étalez la pâte verte, coupez 5 feuilles (photo 19).
20. Collez le tronc et les feuilles sur la patère, complétez avec des boules chocolat pour faire les noix de coco (photo 20).

17

18

19

20

Pirate

Le temps des fraises

matériel

- WePAM en chair, blanc rouge, vert, jaune, noir
- Rouleau
- Mirettes à bout rond 4 et 8 mm
- Outil fin courbe
- Moule silicone nœuds
- Paille
- Emporte-pièce étoile 1,5 cm
- Emporte-pièce fleur 1,5 cm
- Cure-dent
- Pendulette 12 cm
- Cléocol
- Aérovernis mat
- Glassificateur
- Feutres ou peinture
- Fibre de rembourrage
- Pastel ou fard à joue rose

Réalisation :

1. Formez des cônes rouges arrondis, trouez-les pour imiter les fraises. Coupez des étoiles vertes, affinez les pointes, modelez la tige, assemblez (photo 1).
2. Coupez des petites fleurs blanches, courbez les pétales, collez une boulette jaune piquetée au centre (photo 2).
3. Modelez la tête en chair, collez une boule pour le nez, creusez la bouche et marquez les commissures des lèvres, collez-y un petit cône rouge, marquez le sourire avec une paille (photo 3).
4. Coupez une grande fleur blanche, collez sur la pendulette, collez la tête et les oreilles (photo 4).
5. Peignez le visage (photo 5).

1

2

3

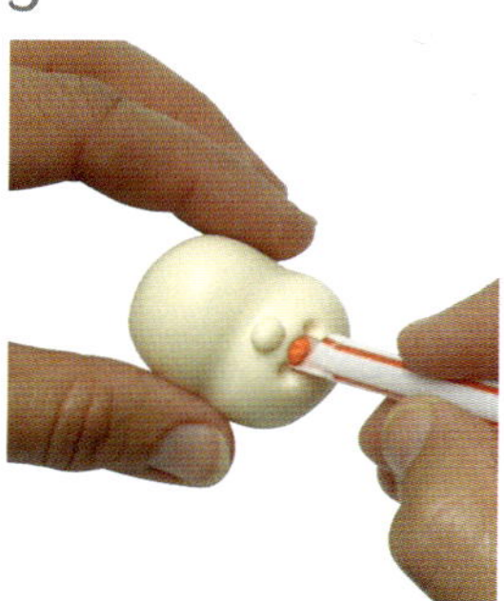

4

5

Le temps des fraises

6. Modelez de fins boudins noirs, entourez-les autour d'un cure-dent, pour former les boucles ; collez sur la tête, d'une oreille à l'autre (photo 6).
7. Modelez un boudin blanc de 6 x 2 cm, courbez-le et marquez-y des plis. Réservez (photo 7).
8. Aplatissez finement un boudin blanc de 10 cm sur 1,5 cm de large, festonnez-le avec la mirette et plissez-le (photo 8).
9. Collez la charlotte sur la tête comme illustré (photo 9).
10. Moulez un nœud rouge, collez-le sur la charlotte (photo 10).

6

7

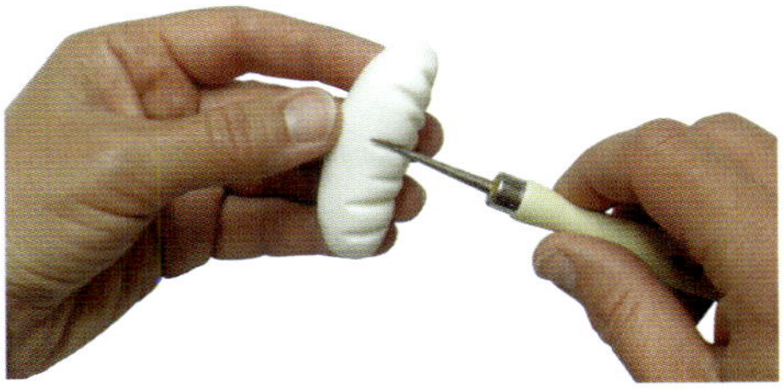

8

9

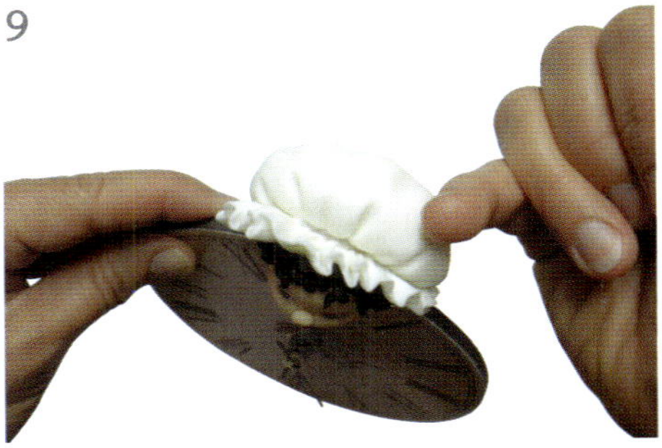

10

conseil

Le volant doit être extrêmement fin pour pouvoir être plissé de façon précise. Vous pouvez utiliser une machine à pâtes.

Le temps des fraises

11. Modelez les mains dans la pâte chair, pliez les doigts (photo 11).
12. Collez les mains à cheval sur la pendulette (photo 12).
13. Étalez de fines pastilles vertes, marquez les nervures au couteau, crantez le tour pour imiter les feuilles de fraises (photo 13).
14. Collez harmonieusement vos fleurs, feuilles et fraises autour de la pendulette, soutenez avec de la fibre (photo 14).
15. Peignez des pois rouges sur la charlotte, laissez sécher.

11

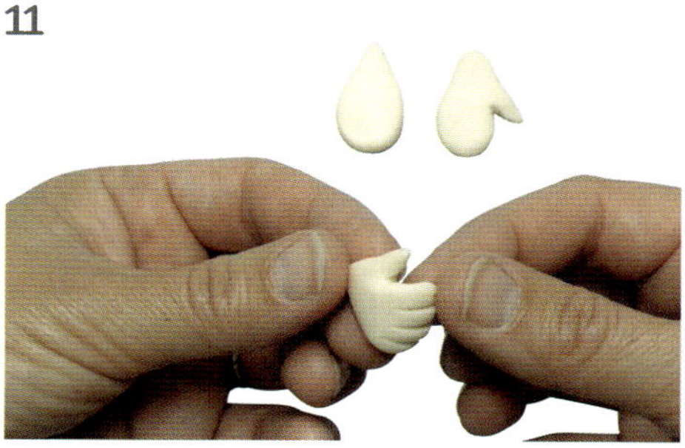

12

13

conseil

Vernissez au pinceau en mat, sauf les fraises qu'il faut vernir en brillant.

14

Attention

Prenez garde au positionnement de votre personnage sur la pendule, ne mettez pas la tête sur « 3 heures » par exemple ! Il faut que le poids reste équilibré autour de la pendule.

Ne gênez pas le fonctionnement des aiguilles lorsque vous positionnez vos éléments.

Le temps des fraises

bonne idée

Si vous remplacez les fraises par des cerises, des noisettes, ou encore par des friandises, vous adapterez cette pendulette à la saison ou à votre décor !

On l'appelait Nez rouge

matériel

- WePAM en caramel, rouge, chocolat,
- Couteau
- Rouleau
- Cléocol
- Bocal à bonbons rond
- Yeux mobiles ovales
- Pastel ou fard à joues
- Feutre fin noir
- Vernis mat

Réalisation :

1. Étalez la pâte caramel sur 2 mm, recouvrez le couvercle enduit de colle, rabattez doucement les bords et coupez à ras. Vissez sur le pot pour prendre vos repères (photo 1).
2. Marquez un trait jusqu'au milieu avec le dos d'un couteau (photo 2).
3. Modelez un petit ovale rouge (2 x 1,5 cm) pour le nez, collez au centre du couvercle, collez les yeux mobiles en les enfonçant (photo 3).

1

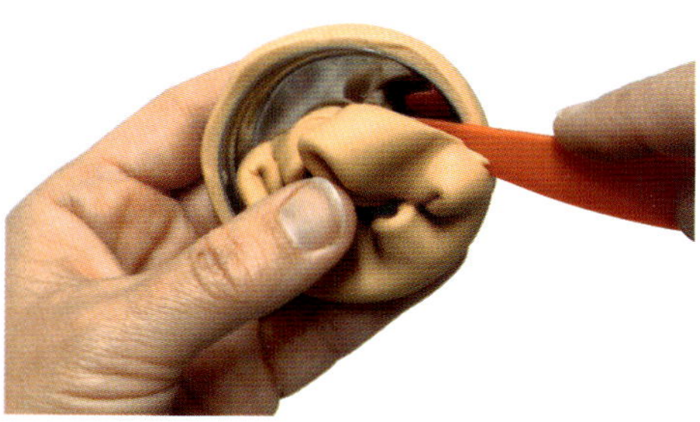

2

3

à savoir

Vissez le couvercle avant de marquer le museau, sinon vous risquez de vous retrouver avec un élan tête en bas ! Attention cependant à ne pas laisser de traces dans la pâte fraîche quand vous manipulez le couvercle.

On l'appelait Nez rouge

4. Modelez deux boudins chocolat de 3 cm, aplatissez en une goutte recourbée (photo 4).
5. Marquez deux creux avec le manche d'un pinceau pour imiter les bois (photo 5).
6. Coupez une étoile caramel, striez et collez entre les bois (photo 6).
7. Collez sur le couvercle, soutenez avec de la fibre (photo 7).

4

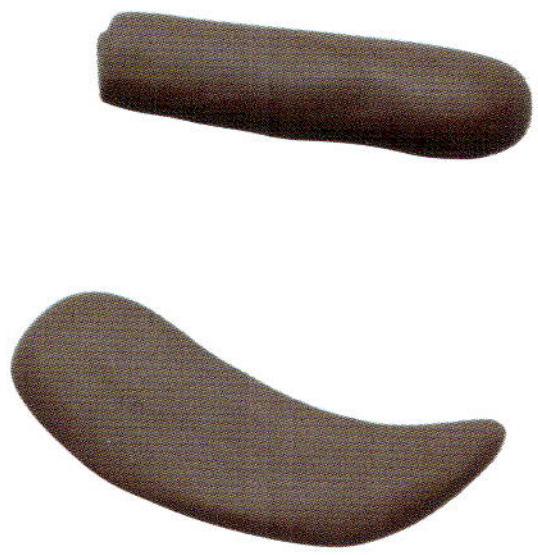

5

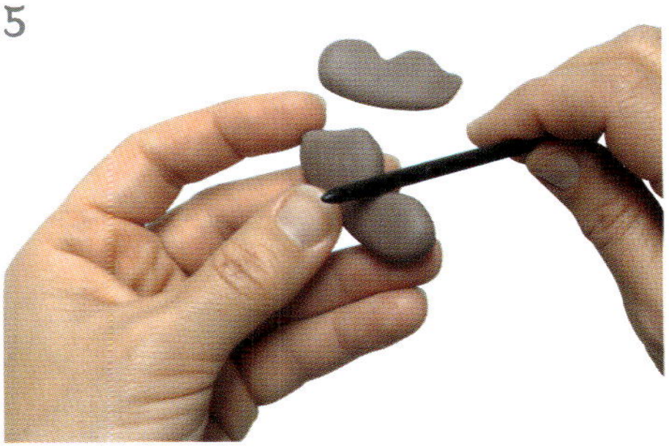

6

7

On l'appelait Nez rouge

8. Pour les pattes, modelez des boules chocolat de 2 cm, donnez une forme de goutte, fendez au couteau d'un côté, puis collez sur le bocal (photo 8).
9. Modelez la queue et collez à l'arrière du pot (photo 9).
10. Vernissez au pinceau en mat en évitant les yeux.
11. Finitions : rosissez les joues avec du pastel ou du fard à joues, puis dessinez les cils au feutre.

8

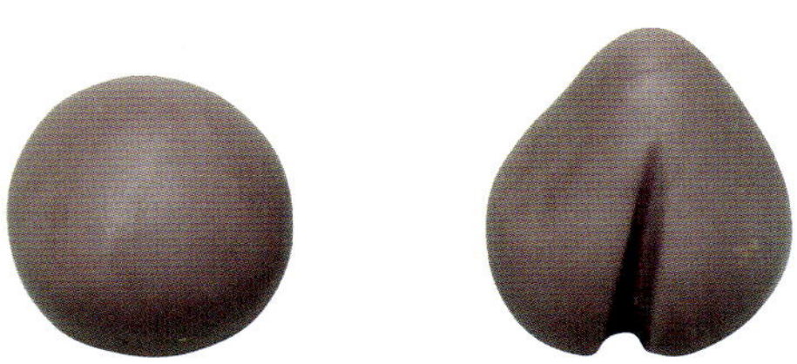

9

conseil

Vous pouvez vernir au vernis velours Cléopâtre pour obtenir un touché peau de pêche, mais il faut savoir que celui-ci n'aime pas le contact de l'eau.

On l'appelait Nez rouge

En savoir plus

Ce qu'il faut savoir sur la porcelaine froide :

La pâte est humide quand vous la sortez de son film étirable : Pétrissez entièrement le pain de WePAM avant de commencer à l'utiliser, ainsi vous allez l'assouplir et enlever la sensation collante qui est normale et contribue à la bonne conservation du produit. Vous pouvez vous enduire les mains d'un peu de crème non grasse.

Une fois ouvert, votre pot de pâte se gardera longtemps si vous prenez soin de bien refermer la boite et de serrer le film étirable. S'il vous en reste très peu, stockez- dans une autre boite avec un morceau plus gros.

Évitez de faire sécher votre modelage près d'une source de chaleur, la rétractation serait trop rapide et peu harmonieuse, au risque de déformer votre sujet.

Pour créer des plaques, laissez sécher vos éléments à plat sur un tissu de coton à la trame non marquée, et retournez les régulièrement plusieurs fois dans la journée, puis placez les sous un poids quelques heures (sous un gros livre par exemple).

La pâte se fendille quand vous essayez de la mettre en forme : Il faut malaxer quelques secondes entre les doigts, puis rouler en boule en serrant très fort la pâte entre les paumes uniquement, pour éviter de la réchauffer et de la dessécher. On peut réhydrater la pâte en surface à l'aide d'une lingette humide.

Le temps de séchage est d'environ 24 heures pour 1 cm d'épaisseur. Le séchage en surface est rapide cependant. Gardez impérativement vos pains à l'abri de l'air pendant le travail.

Pour étaler votre pâte, travaillez sur une surface anti-adhérente (plastique, silicone, set de table, pochette plastifiée) et décollez l'abaisse entre chaque tour de rouleau pour éviter qu'elle ne reste collée à la surface. Vous pouvez utiliser un peu de fécule de maïs (Maïzéna ou autre) pour empêcher la pâte de coller.

Comblez les fissures éventuelles avec de la barbotine, mélange de pâte et d'eau, et lissez avec les doigts humides, la réparation sera invisible une fois le sujet sec.

Ne travaillez pas dans une atmosphère trop chaude, la pâte serait molle et sècherait très vite, ni trop froide, elle serait dure et impossible à mettre en forme.

Si vous conservez votre pâte au réfrigérateur, laissez-la revenir à température ambiante avant de la modeler.

La porcelaine froide se coupe aux ciseaux, et même à la perforatrice à papier (sous réserve de faire une abaisse aussi fine que l'ouverture de la perforatrice et de la laisser sécher quelques minutes).

Vous pouvez utiliser une machine à pâtes pour faire des rubans, des plaques fines et régulières, il suffit d'enduire légèrement les rouleaux de crème pour les mains.

Protégez vos créations

La porcelaine froide devient très dure en séchant, elle est plus solide que la pâte polymère, elle peut tomber sans casser (ou presque !).

Cependant, si vous en faites des bijoux, le contact avec la peau, la transpiration, le maquillage peut salir l'objet et le ternir. Vous ne pourrez pas l'immerger sans altérer votre travail, car même dure, la pâte non vernie finit par se déliter au contact de l'eau. (En revanche une simple humidité ambiante ne l'abîmera pas).

Aussi, il est important de la protéger par un vernis.

Le vernis mat en bombe est la façon la plus efficace de protéger la porcelaine froide, elle garde ainsi son aspect d'origine.

Le vernis brillant (glassificateur) cité dans cet ouvrage agit comme une résine protectrice, et donne l'effet glacé des cerises confites, des nappages pour les tartes...

Pour protéger un couvercle de bocal exposé aux salissures (dans une cuisine par exemple), passez d'abord une couche de vernis mat en bombe (vous évitez ainsi de faire baver les décors peints), puis ensuite passez une couche de glassificateur au pinceau. Laissez sécher, puis bombez de nouveau en mat, votre couvercle retrouvera son aspect d'origine et pourra être nettoyé sous le robinet !

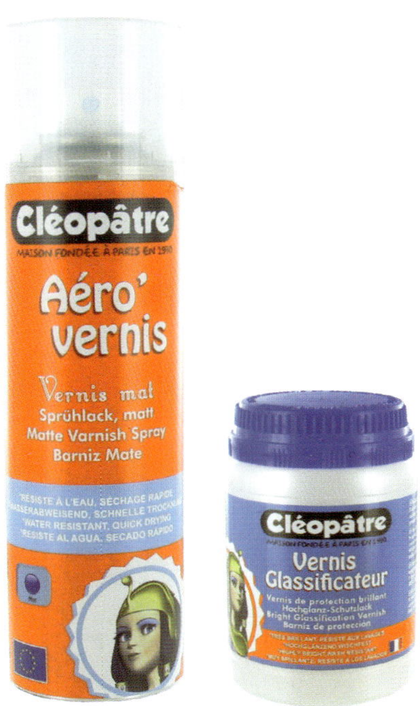

à savoir

L'aérovernis mat de la marque Cléopâtre sèche en moins d'une minute, il permet donc de manipuler rapidement l'objet. Protégez le verre car il le rend opaque !

Lexique

Abaisse : Pâte étalée au rouleau.

Barbotine : Pâte légèrement diluée à l'eau, servant à combler une fissure ou à masquer un raccord.

Festonner : Appuyer avec une mirette à bout rond sur le bord d'une découpe (napperon, bordure...) pour imiter la dentelle.

Fibre de rembourrage : Sert à remplir des peluches, des coussins. Permet de donner du volume si on l'intercale entre deux abaisses de pâte, ou de soutenir un modelage pendant le séchage.

Glassificateur : Vernis très brillant de la marque Cléopâtre qui agit comme une résine et permet de laver les objets en porcelaine froide sous l'eau courante sans les abîmer.

Mirette : Outil de modelage utilisé pour creuser la pâte, si elle est munie d'un crochet, ou à creuser, onduler, festonner si elle est à bout rond.

Porcelaine froide : Pâte de modelage séchant à l'air, très douce et souple, ayant l'aspect de la porcelaine une fois durcie, sans être fragile.

Texturer : Donner un aspect autre que lisse à la pâte à l'aide de tampons, plaques spéciales, tissu, éponge, ou en la griffant, grattant.

Seringue extrudeuse (ou clay gun) : Seringue dont l'embout se visse sur des disques perforés de différents motifs, permettant de faire de jolies bordures torsadées, des boudins fins et réguliers.

Carnet d'adresses

Les sites de l'auteur :

www.natasel.fr

http://stagedemodelage.canalblog.com

Page Facebook de l'auteur :

http://www.facebook.com/pages/Natasel/158856807578

Site de vente spécialisé dans la porcelaine à modeler et les loisirs créatifs, vous y trouverez l'essentiel des fournitures utilisées pour cet ouvrage :

www.placedesloisirs.com

« L'atelier déco et créations » :

Magazine trimestriel disponible en France et en Belgique

Sites de matériel de loisirs créatifs :

http://panduro.fr

http://www.cultura.com

http://www.vbs-hobby.fr

http://www.creaclic.ch (en Suisse)

Les produits WePAM sont disponibles sur le site www.placedesloisirs.com et dans la majorité des magasins spécialisés en loisirs créatifs tels que : Artéïs, BHV, Crasy Fête, Cooleurs, Créattitude, Cultura, Dalbe, Declosmenil, Furet du Nord, Graphigro, Idées créatives, Le temps apprivoisé, Loisirs et créations, Rougier et Plé, Picwic, Planet Art, Truffaut, Zodio.

Remerciements

Merci à tous mes lecteurs depuis le début de cette aventure «pamesque» !

Merci à la société Cléopâtre qui un jour de 2006 a répondu oui à ma demande de collaboration, et sans laquelle nous ne connaîtrions peut être pas le bonheur de modeler cette fabuleuse pâte...

Merci à la société Place des Loisirs, Charlotte, Jérôme et toutes les petites mains derrière !

Merci à Emmanuelle Prot, je reste, malgré mon titre d'auteur dinosaure !

Merci à mes amours, à ma sœur, je vous aime !

Et enfin merci à la fée qui a mis un jour la porcelaine froide sur mon chemin...

Nathalie, alias Natasel

CreaPassions.com
the place to be !

Imprimé en U.E.

Dépôt légal novembre 2014